監修者——佐藤次高／木村靖二／岸本美緒

［カバー表写真］
アズハル・モスクの金曜礼拝
エジプト，カイロ

［カバー裏写真］
シーア派のウラマーとその家族
レバノン，バールベック

［扉写真］
19世紀のカイロ市街
（ロバート・ヘイ画）

世界史リブレット69

現代イスラーム思想の源流

Iizuka Masato
飯塚正人

目次

百家争鳴の近現代イスラーム思想
1

❶
イスラーム思想史の伝統
5

❷
初期イスラームの回復を求めて
23

❸
西洋近代文明への対応
44

❹
激動と混迷の二十世紀
74

百家争鳴の近現代イスラーム思想

現代イスラーム思想の地平は途方もなく広い。その主張は想像を絶するほどに多様であり、めざすべき政治体制や女性の地位など、個々のテーマにかかわる思想の違いに着目すれば、イスラーム教徒(ムスリム▲)は今日、分裂状態にあるといっても過言ではない。イスラームの教えそのものや預言者▲ムハンマド▲が誹謗中傷されたとき、また異教徒との紛争・戦争に各地のムスリムが巻き込まれたときに、全世界の信徒が一丸となってみせる怒りや連帯感、同胞意識とはうらはらに。

現代イスラーム思想のこうした百家争鳴状況は、直接の源流となった近代イスラーム思想以来の特徴といえる。一例をあげよう。一九二三年に建国された

▼ムスリム　「(神に)すべてを委ねる者」「神に帰依する者」を意味するアラビア語(男性単数形)。女性単数形はムスリマ。「(神に)すべてを委ねること」がイスラームのもともとの意味である。

▼預言者　神の声を聞く人、神からの啓示を授かる人。アラビア語でナビー。日本語で「予」の旧字体「預」を用いるのは、未来を予知する「予言者」との混同を避けるため。

▼ムハンマド(五七〇頃〜六三二)　イスラームの教えによれば、人類最後の預言者。メッカを支配していたクライシュ族のなかでは弱小のハーシム家に生まれ、四十歳ころから死ぬまで唯一神の啓示を受けて、それを人びとに伝えた。

トルコ共和国は建国後まもなく「政教分離▲こそ真のイスラーム」との思想を打ち出し、以後独自の「世俗主義」(ラーイクリキ▲)を国是としてきた。ところが一九三二年に成立したサウジアラビア王国は、逆に政教一致を真のイスラームと考え、ムスリムが神の命令と信じるイスラーム法(シャリーア)の支配する「イスラーム国家」を標榜して、今日にいたっている。これが同じイスラームなのかと疑いたくなるほど、大きな違いといってよい。

さらに同じ自称「イスラーム国家」でも、サウジアラビアが「立法者は神だけであり、人間にはシャリーアの解釈しかできない」というイスラーム法学の原則を厳格にとらえ、長く立法府としての議会も憲法ももたずにきたのにたいし、一九七九年の革命▲をきっかけに生まれたイラン・イスラーム共和国は、サウジアラビア同様、シャリーアによる統治を掲げながらも、当初から一般国民が選挙で選ぶ議会と憲法をもっていた。そして当然ながら、イランの議会と憲法もまた、この国の政府の奉ずるイスラーム思想を正当性の根拠としている。

本書はこのように多様極まりない主張が錯綜・競合する――言い換えれば、もはやイスラームがなにを命じ、なにを禁じているのかさえ、かならずしも明

▼政教分離　イスラームは教会組織をもたないため、キリスト教ヨーロッパのように政治と教会の分離を意味するのではなく、政府がイスラーム法以外の法を国法としている状態を指す。

▼ラーイクリキ　語源はフランス語のlaïque(俗的な)。近代以前のイスラーム思想には「世俗主義」という概念自体が存在しなかったため、それを意味することばも存在せず、フランス語から借用した。

▼一九七九年の革命　イランを支配していたパフレヴィー朝は西洋流の近代化政策を進める一方で国王の独裁体制強化をはかったが、これに反対するイラン国内の諸勢力が一九七八年以降広範に結集し、ホメイニーを革命のシンボルとして王政を打倒した。

●—イランの三権関係図　イスラーム共和政を標榜し、最高指導者が三権にわたる指導権を行使できる点が特徴的。司法にかんしてはイスラーム法の執行を前提とするため、イスラーム法学者である司法長官のもとに裁判所が位置づけられる。

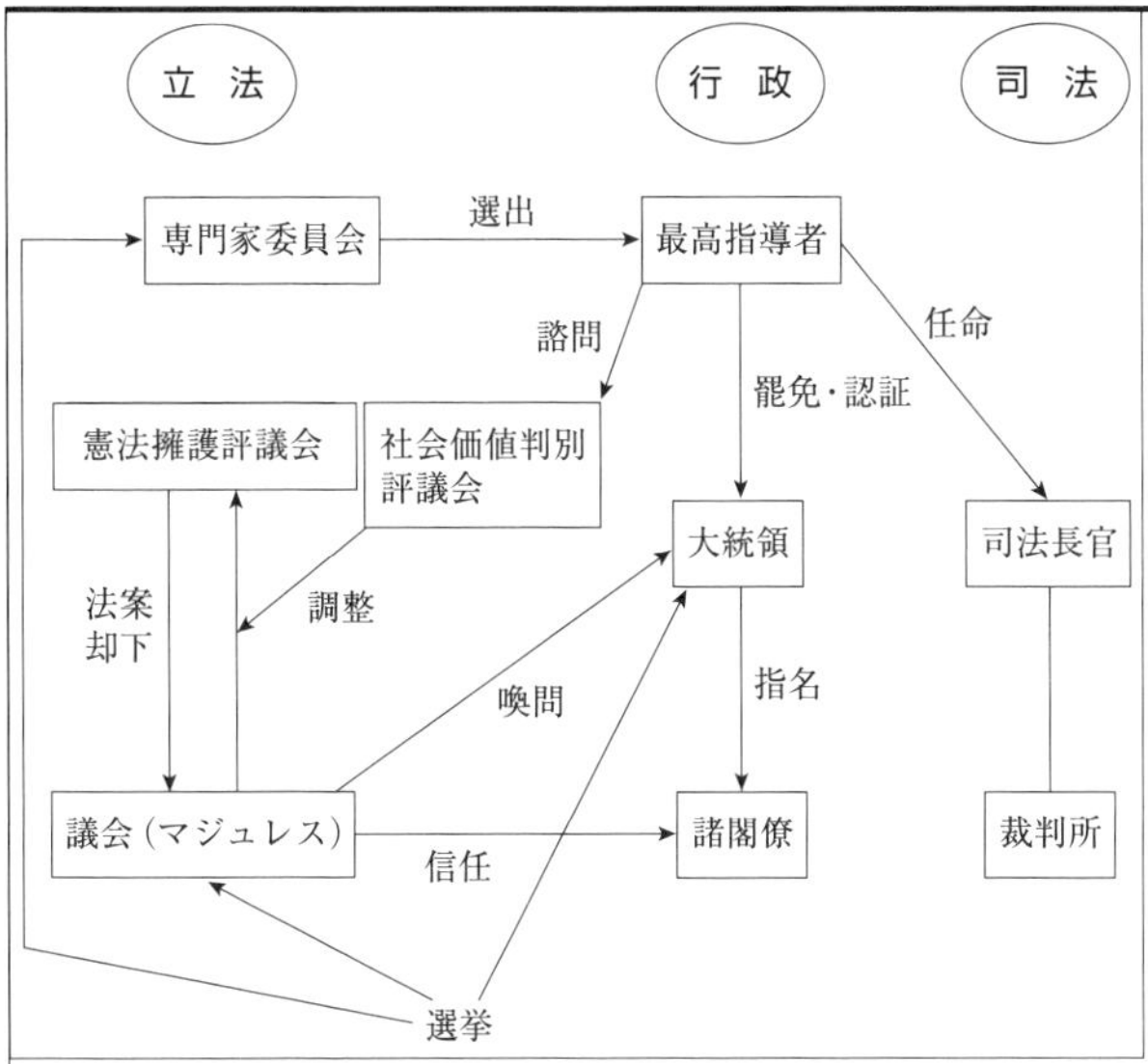

●—サウジアラビアの三権関係図　「神以外に立法者なし」というイスラーム法の原則に従って形式上立法府は存在しない。実質的には国王の法令が制定法の機能をもつと考えられる（もっとも、イスラーム法理論上これはシャリーアの一部、ないし補足規定とみなされる）。司法（シャリーアの執行）においても国王が最終権威。

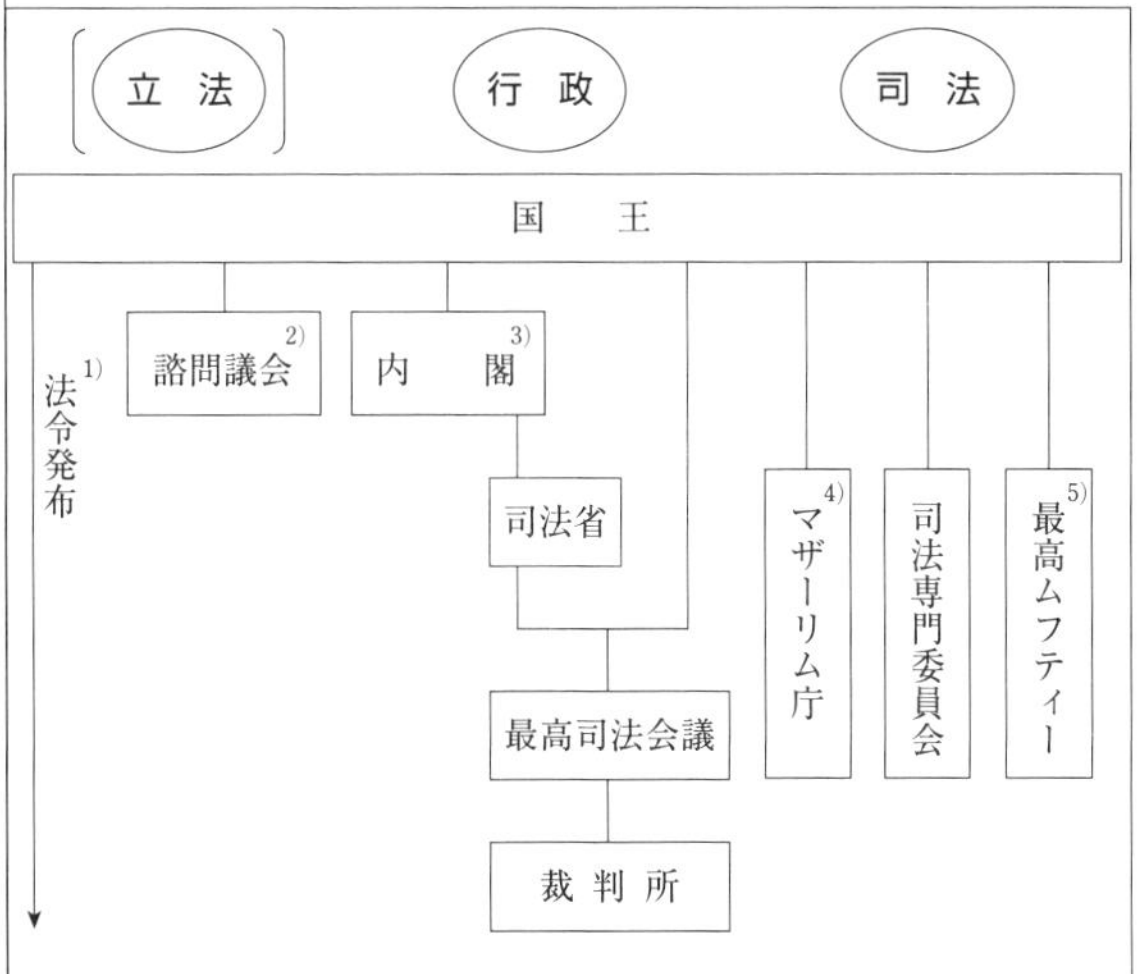

1) 法令には，勅令・勅命・王令の三種類がある　2) 立法権はない
3) 首相は国王が兼任　4) 行政苦情処理　5) 布告に法的拘束力はない。
なお，ムフティーについては60頁上段の解説を参照。

出典：板垣雄三監修，山岸智子・飯塚正人編『イスラーム世界がよくわかるQ＆A 100』1998年，237頁（2点とも）

らかではなくなってしまった——現代イスラーム思想の源流を、イスラームの理念にもとづく「世直し」の衝動に突き動かされる人びとと、変化する現実に妥協・適応してむしろ理念の側をみなおそうとする人びとがせめぎあうイスラーム思想史の伝統、また、西洋近代文明への対応をめぐる十九世紀以降の思想家の営みのなかに探ろうとするものである。

実際、近現代イスラーム思想史を担った人びとの西洋近代文明や政治・経済・社会・文化のあらゆる面で起きた変動への対応は、ほとんどの場合、全面肯定でも全面否定でもなかった。西洋近代に由来する価値観や、現実社会に起こりつつある変化を全部まとめて否定したり肯定したりしてすむのであれば、それは一種の信念にすぎず、思想の名には価しない。あたかも、彼らがそう主張しているかのように。

つまり近現代イスラーム思想史とは、理念も現実も、イスラームも西洋近代文明も、ともに無視することができないなかで苦悩を続けた思想家たちの産み出した、多様極まりない思想の歴史なのである。

①―イスラーム思想史の伝統

イスラーム思想史を産み出したもの

現代イスラーム思想もまたイスラーム思想である以上、最大の源流はイスラームの教えそのものにある。

イスラーム思想史は、ムスリムの思想家が、服従すべき神の命令すなわち「真のイスラーム」とはなにか、そして現実政治と社会は「真のイスラーム」を具現しているかどうかを問いつづけてきた歴史である。それはイスラームの理念と現実との乖離《かいり》を厳しく批判し、現実を理念に従わせるよう強く求める一方、政治や社会の現実に適応・妥協するかたちで「真のイスラーム」の側をみなおすことで、現実と理念の距離を縮める役割をもはたしてきた。それが「真のイスラーム」である以上、現実に適応できないはずがないという確信のもとに。

社会の汚濁を批判して宗教の原点あるいは本質の回復を求め、アブラハムの宗教▲の復興を唱えて巨大な社会革命を成しとげた預言者ムハンマド以来、ムス

▼アブラハムの宗教　『コーラン』は、メディーナのユダヤ教徒がムハンマドを偽預言者扱いしたのをきっかけに、ユダヤ教の祖とされるモーセよりも以前の預言者アブラハム（アラビア語ではイブラーヒーム）の純粋一神教を復興したのがイスラームであり、ユダヤ教の誤りを正すものと主張するようになった。

イスラーム信仰の基本

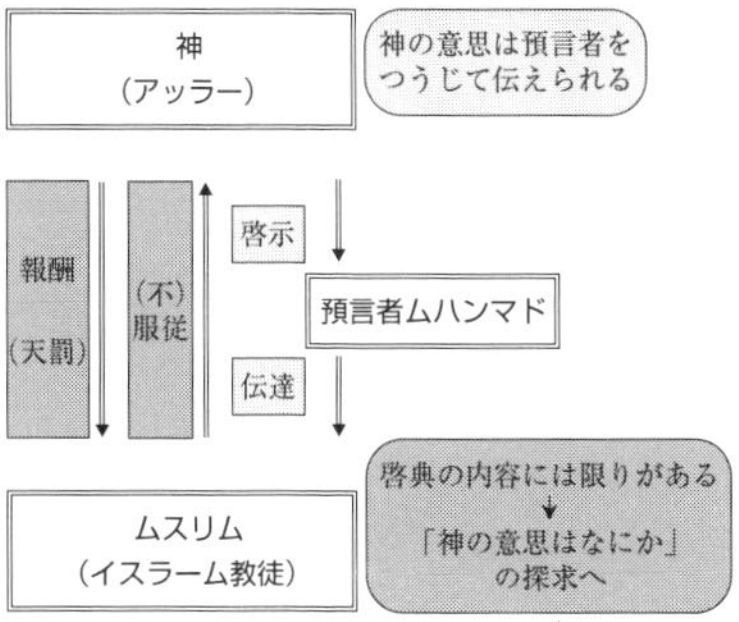

リムはつねに、自分自身とイスラーム共同体（ウンマ▲）それぞれの現実がイスラーム的か否か、の問いかけをよぎなくされてきた。「イスラーム的」とはつまり、唯一神（アッラー▲）が天地創造とともに宇宙全体に定めた秩序のことであり、宇宙の一部を成す人間についていえば、個人としてまた集団としての人間が神の命令に従っている状態を意味する。現実を神の命令に従わせるべく、ムスリムが「真のイスラーム」の実現を訴えるとき、あるいは現実の変化に応じて「真のイスラーム」の再解釈に踏み出すとき、そこにさまざまな思想が生まれた。

ムスリムにとっての神のことば『コーラン』▲は神が万物の創造主・支配者であることを強調し、人間に神への絶対的服従（イスラーム）を呼びかけている。やがてこの世には終末が訪れ、人間は審判にかけられるが、この最後の審判に備える唯一の道は神の命令に服従することなのである。審判の結果、天国で永遠の至福の生活を送れるか、地獄で永劫の罰を受けることになるかは、ひとえに各人の現世での生き方にかかっている。加えて『コーラン』は、現世におけるウンマの繁栄と没落もまた、神の命令に服従するかどうかに応じて決定され

▼**ウンマ**　もともとは宗教共同体一般を意味するアラビア語。のちに「ウンマ・イスラーミーヤ」の略称として「イスラーム共同体」を指すのがふつうになった。今日では国民や民族の意でも用いられる。

▼**アッラー**　ムスリムはユダヤ教・キリスト教の唯一神ヤハウェと同じ神だと信じている。世界を創造し、やがてこの世に終末をもたらす永遠で全知全能の人格神。

▼**『コーラン』**　預言者ムハンマドが神から受けた啓示をそのまま記録したイスラームの根本聖典。アラビア語で正しくはアル゠クルアーン（誦むもの）。

ると説く。

　ところで神は、天地創造にさいして宇宙全体に命令を与え、自然界や天使は無条件に従うことに決めた。しかるに、人類の祖とされるアダムだけは神と特別な契約を結び、神に強制されない自由をえる。神の命令に従わない自由がありながら、あえて従うことができれば、より高次の天国▲が約束されたためである。

　だが、現実には人類は神の命令にさからいつづけた。最初の預言者アダムは神の命令に背いて楽園を追われ、その後神に選ばれた預言者たちも大半は人びとに受け入れられなかった。アブラハム、モーセ▲、イエス▲らの宣教はそれでも一定の成功をおさめたが、彼らに従った者たち（ユダヤ教徒、キリスト教徒▲）は今度もまた神の命令を著しく歪曲してしまった、と『コーラン』はいう。

　このままでは人類に完全な救済はない。けれども神は最後にムハンマドを選んだ。そして彼に従う信徒はやがて、啓示された神の命令を正確に保持し、それに従って生きることを使命とするひとつのウンマを組織する。ただ問題は、このムハンマドのウンマが政治とは無縁のたんなる教会・教団にはとどまりえ

▼より高次の天国　『コーラン』には複数の天国が描かれているが、その正確な数は定かではなく、四、七、八などの説がある。『コーラン』五六章などを参照。

▼モーセ　紀元前十三世紀ころ活動した古代イスラエルの預言者。アラビア語ではムーサー。奴隷となっていたイスラエルびとをエジプトから脱出させ、シナイ山で神から十戒を授かったとされる。

▼イエス（前七〜後三〇年頃）　キリスト教では神、救世主（メシア、キリスト）と信じられているが、イスラームではムハンマド直前の大預言者で、ムハンマドの到来を予見したとされる。アラビア語ではイーサー。

▼ユダヤ教徒、キリスト教徒　『コーラン』に先行する啓典（律法と福音書）をもつことから「啓典の民」と呼ばれ、人頭税（ジズヤ）の支払いと引き換えに信仰の自由を認められた。

なかったことにあった。メッカで厳しい迫害にあったムハンマドが他のムスリムたちとともに故郷を見限り、かねてより招請を受けていたヤスリブ（のちのメディーナ）の町に遷行（ヒジュラ▲）したのをきっかけに、ムハンマドが受け取る啓示の中身は大きく変わったからである。メディーナでのムハンマドはメッカ期同様、預言者として神の命令を人びとに伝えつづけただけでなく、新たに政治指導者や裁判官としても活動することになった。これにともない、啓示の中身も神への感謝や親孝行、弱者救済といった道徳規範ばかりでなく、相続や婚姻にかかわる法規定▲、ある種の犯罪にたいする刑罰規定▲など、日常生活における具体的な法規範まで含むようになっていったのである。

　ウンマの存在理由が地上に神の命令を具現することにある以上、ウンマはこれらの法規範によって統治されなくてはならない。しかるに、法による統治を実現するためにはなんらかの統治機構が不可欠となる。かくて、イスラーム的に生きることは個人の問題にとどまらず、政治と社会にかかわる課題と考えられることになった。ウンマが正しく神の命令に従っているかどうか、政治と社会の現実が真にイスラーム的であるかどうかが、来世において救われるかどう

▼ヒジュラ　六二二年にムハンマドをはじめとするムスリムが迫害の続くメッカを逃れ、ヤスリブに遷った事件。これ以後、ムスリムは自由な宗教活動をおこなえるようになったことから、六三八年に定められたイスラーム暦（ヒジュラ暦）もこの事件の起きた年を元年とする。

▼相続や婚姻にかかわる法規定　今日ムスリム諸国の大半で国法となっているのは、西洋起源の実定法であるが、相続や婚姻にかかわる法（身分法）だけはシャリーアの規定をそのまま国法としている国が多い。こうした国々では、この領域にかぎって国民の宗教により、適用される法律が異なる。

▼刑罰規定　『コーラン』に定められているのは、ハッド刑（姦通罪・姦通中傷罪・飲酒罪・窃盗罪・強盗罪にたいする量刑）と殺人罪・傷害罪に適用される同害報復刑であるが、今日こうした刑罰をそのまま適用している国はサウジアラビアやイランなど数カ国にかぎられる。他のムスリム諸国の大半で適用されているのは西洋起源の刑法。

か、現世にあってウンマが繁栄するかどうかまで左右する一大事となったのである。

こうした文脈のなかで、ムスリムの思想家たちはまず服従すべき神の命令を明らかにする作業に取り組んだ。『コーラン』にはかぎられた数の法規範しか存在しておらず、「最後の預言者」ムハンマドの死によって啓示がとだえてしまうと、新たに起きた事態にどう対処すれば神の御心にかなうのか、残された人びと自身が判断せざるをえなくなったからである。なかでも深刻だったのは、ムハンマド没後のウンマをだれが指導すべきか、という火急の問題にたいする答えが、『コーラン』ばかりか生前のムハンマドの言動のなかにも見出せなかったことであった。この問いへの回答をめぐって、ウンマは大きく分裂する。

諸宗派の成立

周知のとおり、ムハンマドの没後は四人のカリフ▲（正統カリフ）が順に選出されたが、この選出にたいしてハワーリジュ派とシーア派から非難の声があがった。ハワーリジュ派はウスマーン▲以後のカリフをすべて大罪人、不信仰者とみ

▼カリフ　「（ムハンマドの）代理人・後継者」を意味するアラビア語。正しくはハリーファ。当事者はアミール・アル＝ムーミニーン（信仰者たちの長）の称号を好み、スンナ派の法学書ではイマーム（指導者）の語が用いられた。ムハンマドの没後、話合いなどの「民主的」手続きで選ばれたアブー・バクル、ウマル、ウスマーン、アリーの四人を、カリフ制が世襲・王朝化する以前の「正しく導かれた」理想的なカリフという意味で「正統カリフ」と呼ぶ。

▼ウスマーン（在位六四四〜六五六）第三代正統カリフ。ウマイヤ家出身の大商人で、早くからイスラームに入信し、ムハンマドの娘婿となった。カリフとなってからは『コーラン』の結集に努めた。

て、その排除を訴える。指導者の不正を見逃せばウンマ全体が道を誤り、神の命令に背くことになるとして。

　ウスマーンの統治期にはアラブの大征服がやや停滞する一方、カリフの一族ウマイヤ家▲の同族重用が進み、一般ムスリムの不満が高まった。結果としてウスマーンは、直訴にきたエジプト駐留軍の手で殺されてしまう。続く第四代カリフにはアリー▲が就任したが、ウマイヤ家のシリア総督ムアーウィヤ▲はこれを認めず、ウンマは初の内戦に突入した。六五七年、両軍はスィッフィーン▲でまみえるも戦局は膠着《こうちゃく》。双方が調停による解決を試みる。このとき、アリー軍の一部が調停に反対して戦場から出て行った。彼らがイスラーム史上初の分派となったハワーリジュ派▲（出て行った人びと）である。

　そもそもハワーリジュ派がアリーに加勢した理由は、たんなるアリー支持ではなかった。彼らは自身の一族を重用したウスマーンを、神の命令である正義を欠いた悪の権化とみなし、悪を支持するムアーウィヤもまた悪と信ずればこそ、アリー軍に加わったのである。だが、アリーもまた悪と交渉したために、彼らからみれば悪となった。ハワーリジュ派は翌年アリー軍と戦ってほぼ全滅

▼ウマイヤ家　クライシュ族の名門で、ムハンマドの時代のメッカを支配していたために、最後までムハンマドに敵対した一族。のちにウマイヤ朝を興す。

▼アリー（在位六五六～六六一）　第四代正統カリフにしてシーア派の初代イマーム。ムハンマドの従弟であったことから最初期にイスラームに入信し、ムハンマドの娘ファーティマと結婚。ハサン、フサインの二子をもうけた。

▼ムアーウィヤ（在位六六一～六八〇）　ウマイヤ朝初代カリフ。六六〇年にカリフを名乗ってアリーに対抗し、翌年のアリー暗殺によって実質的に唯一のカリフとなり、イスラーム史上初の世襲王朝を開いた。

▼スィッフィーン　ユーフラテス川上流に位置する古戦場。

▼ハワーリジュ派　ハーリジー派ともいう。今日ではムスリム総人口の一％以下にすぎないが、タクフィールを否定する穏健派のイバード派がオマーンなどに残っている。

するが、六六一年にはアリーを暗殺。その後もウマイヤ朝▲への攻撃を繰り返す。ハワーリジュ派は、敬虔《けいけん》なムスリムであればだれでもカリフになる資格があると主張した。その一方、ウスマーン以下は大罪を犯したために、すでにムスリムではなく「不信仰者」となったと断定された。このように他のムスリムを背教者▲と決めつけ、その殺害を正当化する思想（タクフィール）は、スンナ派からもシーア派からも「異端▲」として弾劾されたが、その後も今日にいたるまで繰り返し歴史のなかに登場する。むろん、後代この思想を採用した人びとが直接ハワーリジュ派の影響を受けていたわけではないが、周囲は彼らをも「ハワーリジュ派」と呼んで、その姿勢を非難した。

一方、二つ目の分派であるシーア派は預言者ムハンマドの従弟《いとこ》かつ娘婿であったアリーとその子孫こそ、ムハンマドに指名された正当な後継者、ウンマの指導者だと主張する。彼らによれば、アリー以前の三人のカリフはカリフ位の簒奪《さんだつ》者にほかならず、ウンマの多数派は指導者の選出を誤ることでウンマ全体を誤謬《ごびゅう》に陥れてしまったのである。

体制を支える多数派は当然、こうした非難と戦わなければならなかった。ハ

▼ウマイヤ朝（六六一～七五〇年）　シリアのダマスクスを首都に、イベリア半島から西北インドにいたる広大な地域を支配したアラブ・ムスリム王朝。しばしば内乱にみまわれ、最後はアッバース朝によって滅ぼされた。

▼背教者　『コーラン』にはまったく規定がないものの、六三〇年のメッカ征服にともなってムハンマドに臣従し、イスラームに帰依したアラビア半島各地の部族が、ムハンマドの没後、棄教してウンマに敵対したさい、彼らと戦う必要から「背教者は死刑」という法規定が生まれたとされる。このためスンナ派、シーア派では、背教者といえども背教をやめてムスリムにもどった場合には無罪放免となる。

▼異端　イスラームには宗教会議が存在しないため、キリスト教のように正統と異端が明示されることはないが、神や預言者、来世といったいわゆる六信を否定したり、自身を神と主張するなどの行為は、事実上異端として社会的に弾劾される。

ワーリジュ派やシーア派が主張するように、多数派が神の命令に背いているとすれば、多数派は地獄に落ちるよりほかないからである。多数派の思想家たちは分派からの批判にこたえ、ウンマの過去と現在を正当化する努力をかさねていく。この過程で、当初はサイレント・マジョリティーにすぎなかった多数派の思想が可視化され、スンナ派が生まれた。

　スンナ派は正式名称を「スンナとジャマーアの民」という。この場合「スンナ」とは預言者ムハンマドの生前の言行を意味しており、彼の死後『コーラン』に書かれていない問題が生じたときに、それらにかんする神意を知るための最大のよすがとされた。問題はこのスンナをいかにして知るかだが、スンナ派は広くムハンマドの教友（直接の弟子）たちが伝えたハディース▲（ムハンマドの言行録）のなかにスンナを見出す立場をとる。このため、人びとはハディースの収集と真偽判定に邁進《まいしん》し、十世紀初頭にはスンナ派六伝承集▲が成立した。そこでは当然ながら、シーア派の伝えるアリーの後継者指名伝承▲などが偽ハディースとして排除されている。

　一方、「ジャマーア（全体・共同体）の民」という自称が象徴するのは、ウンマ

▼ハディース　ムハンマドの言行を伝える本文（マトン）と、本文の伝承経路（イスナード）から構成される。ハディースはしばしば捏造（ねつぞう）されたため、信頼度を格付けする必要が生じたが、ムハンマドの言行そのものは神から霊感を受けた神聖なものと考えられた結果、本文は批判の対象とならなかった。かわってチェックを受けたのは伝承経路、具体的には伝承者の時代差や人格である。なお、シーア派のハディースはムハンマドのほかに、歴代イマームの言行を含む。

▼スンナ派六伝承集　アル＝ブハーリーとムスリムがそれぞれ編纂した二つの『サヒーフ』（真正）、およびアブー・ダーウード、イブン・マージャ、アッ＝ティルミズィー、アン＝ナサーイーの編纂した四つの『スナン』（スンナの複数形）。

▼アリーの後継者指名伝承　ザイド派を除くシーア派は、メッカとメディーナの中間に位置するガディール・フンムで六三二年にムハンマドがアリーを後継者に指名したと信じているが、スンナ派はそれが「後継

者指名」を意図したものではなかったと主張する。

▼ウラマー　「(イスラームの)知識をもつ者」を意味するアラビア語。単数形はアーリム。イスラーム法学者のほか、主としてハディース学者とイスラーム神学者を指す。

が正しく神の命令に従ってきた、というスンナ派の現状認識・自己正当化である。「私のウンマが誤りにおいて一致することはない」というムハンマドのことばがこの認識を支えた。とはいえ、スンナ派の思想家たちの姿勢をたんなる現状追認とみることはできない。彼らもまた、政治の現実とイスラームの理念とのギャップは十分に承知していた。このため多数派がスンナ派に移行する過程では、体制内野党ともいうべきイスラーム法学者(ウラマー▲)によるカリフ政権への知的抵抗が同時並行的に続くことになる。

実際、九世紀半ばにいたるまで、カリフ政権は政治的権威のみならず宗教的権威をも獲得しようと試みた形跡があり、ウラマーとのあいだで激しい綱引きがおこなわれた。だが最終的にこの闘争はウラマーの勝利に終わる。確立されたスンナ派理論にあっては、ムハンマドがあわせもっていた宗教と政治、二つの権限のうち、カリフが継承したのは政治的権限のみとされ、神の命令であるシャリーアの解釈はウラマーの手に委ねられた。こうして理論上、行政とシャリーアの解釈者は分化したのである。

スンナ派政治思想の二大潮流

スンナ派はムスリムの政治史を、イスラームの教えに従ってきた歴史であったと強弁する。けれどもこの主張はあくまでも分派にたいする反論・自己弁護の必要から生まれたものであって、かならずしも史実を反映してはいない。理念とはうらはらに、事実上の政教分離はイスラーム史のかなり早い時期から進んでいた。ウマイヤ朝の成立以来、カリフをはじめとする権力の座は軍事力にまさる指導者の握るところとなり、以後さまざまな王朝が勃興する。そして現実に各王朝の権力者は、かならずしもシャリーアにとらわれることなく、事実上の「世俗法」（カーヌーン▲やニザーム▲と呼ばれた）を発布することができたのである。これらの世俗法は思想的にはシャリーアの一部または補足とみなされたが、多くのウラマーがある時期まで、より厳格にシャリーアにもとづく統治を求めていく。

例えば、スンナ派政治思想の古典として名高い『統治の諸規則』の著者アル＝マーワルディー▲は、シャリーアの諸問題について自分で判断をくだすための法学上の知識や福利増進をめざす心構え、公正さなどの諸条件をカリフの資

▼カーヌーン　「法令・法規」を意味するアラビア語で、語源は「教会法」を意味するギリシア語のカノン。

▼ニザーム　もともとは「秩序」を意味するアラビア語。

▼アル＝マーワルディー（九七五〜一〇五八）　イラクのバスラ生まれのシャーフィイー派法学者。主著『統治の諸規則』において、カリフはクライシュ族から選出されるべしとするスンナ派のカリフ論を確立するとともに、大臣以下のすべての公職をカリフからの授権・委任とみることで、十世紀以降権力を失ったアッバース朝のカリフ制を正当化した。

格にあげる一方、正義の維持やシャリーアに従う刑罰と徴税の実施をカリフの職務とすることで、統治者の自覚を促した。また十一世紀の大知識人アル＝ジュワイニーも、カリフがシャリーアの諸問題について自分で判断する能力をもたない場合には、「真の統治者」「ウンマの指導者・主人」であるウラマーに助言を求めるべきだと主張して、政治とシャリーアの乖離を防ごうとしている。

しかしながら、スンナ派ウラマーのこうした理念追求の姿勢は、まもなく既成秩序の維持を重視する傾向に取って代わられた。たとえ現状に問題があったとしても、変革を訴えて既存の権力に刃向かえば、残るのは無秩序と無法だけではないか。ウラマーの多くはこのように考えて、現実と妥協する方向に向かったのである。こうした姿勢の行き着いたところは、いかなる悪政をも黙認する立場であり、新たな軍事力が既存のカリフを倒せば、勝者が新たなカリフになるとしたイブン・ジャマーアらの思想であった。そこではカリフの資格にかかわる議論が事実上棚上げされ、政治の現実に妥協・適応するかたちで、力による支配がそのまま「真のイスラーム」とみなされたのである。

もちろん、シャリーアにもとづく統治を求めるウラマーがいなくなってしま

▼アル＝ジュワイニー（一〇二八～八五）　現イランのニーシャープール近郊に生まれたシャーフィイー派の法学者。メッカ、メディーナの両聖都で教鞭をとったため、イマーム・アル＝ハラマイン（両聖都のイマーム）と呼ばれた。のちにセルジューク朝の宰相ニザーム・アル＝ムルクの設立したニザーミーヤ学院教授。アル＝ガザーリーの師でもある。

▼イブン・ジャマーア（一二四一～一三三三）　シリアのハマーに生まれたシャーフィイー派法学者。主著『イスラームの民の統治のための法規定の吟味』においてマムルーク朝の支配体制をイスラーム的に正当化した。ちなみに、彼のような思想が今日「思想」として表明されることはないが、混乱を恐れて現実政治に妥協する姿勢じたいは今日も多くのムスリムに共有されているとみていいだろう。「思想」としては決して語られることのない現代イスラーム思想の源流がここにある。

ったわけではない。モンゴル軍と十字軍▲の侵攻を背景に活動した十四世紀の思想家イブン・タイミーヤ▲や彼の弟子イブン・カイイム・アル＝ジャウズィーヤ▲は、「世直し」を説きつづけたウラマーの代表とみていいだろう。彼らは哲学や行き過ぎたスーフィー（二四頁参照）の慣行をイスラームからの「逸脱」（ビドア）と考え、これらに毒されたうえに、ウラマーが権力に追従する「現状」を非イスラーム的なものとして厳しく非難した。ムスリムは最初期のウンマの純粋なイスラームにもどらなくてはならない。ただそのためには、シャリーアの唯一正当な解釈者たるウラマーがウンマの実際の指導者となる必要がある。

　イブン・タイミーヤはスンナ派ウラマーの定説にさからって、カリフではなくウンマ全体が預言者ムハンマドの政治的権威を継承したのだと主張した。結果として彼はカリフの問題を完全に無視し、ついにはカリフの必要性すら否定してしまう。体制の正当性を保証するのはシャリーアの施行のみとされ、シャリーアに反する統治をおこなった為政者は「背教者」として放伐の対象になるとまで論じられた。近代以前のスンナ派思想界で、これほど明確に「革命」を正当化した理論は他に類をみない。

▼**十字軍**　十一世紀末から十三世紀末まで続いた西欧諸国による東地中海地域への遠征・植民活動。ムスリムからみれば、キリスト教徒によるいわれなき侵略にほかならなかった。

▼**イブン・タイミーヤ**（一二五八～一三二六）　ハンバル派の法学者。マムルーク朝のシリア・エジプトでウラマーやスーフィーの現状を厳しく批判したためにしばしば投獄され、最後はダマスクスで獄死した。イスラームに改宗しながらなおモンゴルの慣習法に従っていたイルハーン朝を「不信仰者」と断定し、現代の「革命のジハード」理論（八二頁参照）にも大きな影響を与えている。主著に『シャリーアによる統治』がある。

▼**イブン・カイイム・アル＝ジャウズィーヤ**（一二九二～一三五〇）　ダマスクス生まれのハンバル派法学者。師イブン・タイミーヤとともにしばしば投獄されたが、師の獄死後もその思想の発展・普及に尽力した。

▼イブン・ハルドゥーン（一三三二～一四〇六）　マーリク派の法学者、歴史家。チュニスの名家に生まれ、政治家としても活躍したが、後半生は学究生活に専念し、有名な『歴史序説』を序とする巨大な世界史『イバルの書』を著した。

一方、イブン・タイミーヤとは異なる次元でイスラームの説く理想と現実政治の不一致を糾弾したのが、歴史家としても有名なイブン・ハルドゥーン▲である。彼はイブン・タイミーヤ同様、ウマイヤ朝以後のカリフのすべてをたんなる「王権」と断じたうえで、シャリーアを施行し正義によって統治する正しい王だけがカリフの名に値すると主張した。また、シャリーアに従わない王朝の衰亡を歴史の必然（天罰）として説明し、王朝が栄えつづけるためにはシャリーアに服従して天罰を回避するしかないと訴えた。このようにしてイブン・タイミーヤやイブン・ハルドゥーンがそれぞれに示したシャリーア重視の姿勢は、やがて近現代のさまざまな思想潮流に多大な影響を与えていく。とくに一九二四年以降、今日まで続く「カリフなき時代」が到来すると、イブン・タイミーヤの思想は、カリフを無視してシャリーアの施行を説いていたがゆえに時代に適合し、文字どおり現代イスラーム思想のひとつの源流となるのである。

スンナ派イスラーム法学理論の確立と変容

ところでイスラーム思想史の伝統は、近現代イスラーム思想にとって最大の源流となっただけでなく、その発展を阻害する深刻な要因ともなってきた。とくにスンナ派の場合、イスラーム法学理論そのものが近現代の思想改革を大きく妨げることになる。

だれがウンマを指導すべきかといういわば政治的な問題と並んで、ムハンマドの没後すぐに人びとが取り組まざるをえなかったのは、より一般的に、日々の生活をどのように律すれば神意にかなうのかを解明する作業であった。すでに述べたとおり、『コーラン』にみられる法規範の数はかぎられており、ムハンマドの死とともに新たな啓示の可能性も消滅してしまったからである。

最初この課題に取り組んだのは、四人の正統カリフをはじめ、教友のなかでも法的な問題に長じた人びとであった。彼らは『コーラン』の教えとムハンマドのスンナをそれぞれに解釈しつつ、協議をかさねることで、服従すべき神の意思を判断していく。けれども大征服の結果、彼らは広大なムスリムの支配地各地にまねかれ、それぞれが移住先で新たな事例にかんする法判断をくだす一方、つぎの世代に法的な知識を伝授することになった。こうなると、各地に散らばったウラマー間の協議は事実上不可能となる。結果として、個々のウラマーの自由な法判断をある程度統一的な結論へと導いてきた協議のプロセスは機能しなくなり、各地のウラマーがくだす法判断はそれなりに幅のあるものになっていった。

こうした「自由すぎる」状況を危惧したスンナ派のウラマーたちは、八世紀から九世紀にかけてシャリーアの法判断を「発見」するための法学理論を確立する。そこでは、シャリーアの最大の源（第一法源）である『コーラン』と第二法源のスンナだけでは解決できない新たな事例が見つかった場合に用いられるキヤース▲（類推）の手続きがより厳密に規定された。もっとも、キヤースの実践そのものが制限されたわけではない。キヤースはイジュマー（二〇頁参照）につぐ第四法源として正式にその地位を認められ、イジュティハード▲もウンマ全体の義務▲とされた。これにともなって、ムジュタヒド▲の資格にかんする議論も深まっていく。

しかしながらキヤースが万能と認められたわけでもない。概してキヤースの結論は、信頼度に劣るハディースや、複数の解釈が生じる余地のある『コーラン』およびハディースの明文から類推されることが多かったために、決定的・

▼キヤース　『コーラン』やハディースの明文によってある事例についての法判断が明らかな場合、そこから他の事例にたいする法判断を類推するためには、判断の指標（イッラ）を確定する必要がある。例えば『コーラン』はワインを飲むことを禁じているが、そのイッラは酩酊であり、他の種類の飲酒も酩酊をもたらすがゆえに禁止と類推される。

▼イジュティハード　もともとの意味は「学問的努力」。キヤースをはじめとする手続きによって、先例のない個別事例にかんする法判断の発見に努めること。

▼ウンマ全体の義務　イスラーム法の課す義務には、ウンマ全体の義務（ファルド・キファーヤ）と個人の義務（ファルド・アイン）の二種類があり、ウンマ全体の義務はウンマの構成員の一部がはたせばよいことになっている。

▼ムジュタヒド　イジュティハードをおこなうことのできるウラマー。

最終的なものではないと考えられた。むしろ無謬《むびゅう》の法源として、キヤースより上位の第三法源とされたのはイジュマー(合意)である。個別にイジュティハードをおこなったムジュタヒド全員の結論が一致した場合(イジュマーの成立)、その法判断は自動的に確実なものとみなされる。さらにそれは、イジュマーとなったことによってもはや変更不可能な最終結論とされ、のちの世代による異議申し立てや再解釈が禁じられた。むろん、現実にすべてのムジュタヒドが一堂に会してイジュマーが成立した例はない。しかし逆にそうであったがゆえに、ムジュタヒドのだれかが明確な反対の意思を表明しないかぎり、ある法判断にかんするイジュマーはすでに成立したものとみなされた。

ついには『コーラン』とハディースの解釈についても、すでにイジュマーが成立したとする見解が有力になっていく。この結果、新たな聖典解釈の可能性は著しく制限され、後代の思想家たちは先人の解釈に従わざるをえなくなった。実際、二十世紀初めまでシャリーアの再解釈を試みた思想家たちは、しばしば「反イスラーム」のそしりを受けることになる。

これに加えて後代の思想家たちを悩ませたのが「イジュティハードの門は閉

▼**スンナ派四法学派**　ハナフィー派、マーリク派、シャーフィイー派、ハンバル派。

じた」、つまりイジュティハードそのものがやがて禁止されてしまったとする説の流布であった。実際、十世紀初めにスンナ派四法学派▲が成立して以来、ウラマーのあいだには新法学派の設立や分離主義的傾向をもつあらゆる思想運動を阻止しようとする暗黙の了解があったらしい。このため、新たな法学派の設立をもたらす危険のある、包括的かつ大胆なイジュティハードはウラマー自身によって警戒され、ムジュタヒドの存在も四法学派それぞれの枠内でのみ認められるようになっていった。

ところが、ここで思想界にムジュタヒドの位階をめぐる用語の混乱が起きる。存在を否定されたのはあくまでも、新たな法学派を起こしうる最高レベルのムジュタヒド（独立ムジュタヒド）だけであったにもかかわらず、各法学派の枠内で先例のない個別事例をあつかうムジュタヒド（学派内ムジュタヒド）までもこの世から消えてしまったかのような誤解が、十二世紀ころから少しずつ広まりはじめたのである。もちろん多くのウラマーはそれぞれの属する法学派内でイジュティハードを実践しつづけたが、こうした誤解は「イジュティハードの実践は偉大な先人によってのみ可能であり、そのような資質をもつウラマーはもはやいなくなってしまった」といった見解に象徴される、先人の偉大さを強調する風潮とあいまって、イスラーム思想界を支配する。ムジュタヒドの消滅を確信し、イジュティハードの権利を否定するハナフィー派がのちにオスマン朝▲、ムガル朝▲というスンナ派二大帝国の主流法学となったことも、「イジュティハードの門は閉じた」とする言説の普及に拍車をかけた。かくて十六世紀以降、ムジュタヒドと認められる者の数は激減し、「先人の確立した教義と判例に疑問をいだくことなく、ただ従うこと」を意味するタクリードがイスラーム法学の最優先原則となっていく。そしてこのタクリードこそ、近代のスンナ派思想改革者を苦しめる方法論上の最大の障害となるのである。

▼**オスマン朝**（一二九九〜一九二二年）　トルコ系のスンナ派王朝。十五世紀末以降イスタンブルを首都として、バルカン半島から北アフリカ、アラビア半島におよぶ広大な領域を支配した。史上もっとも完成されたイスラーム国家ともいわれる。

▼**ムガル朝**（一五二六〜一八五八年）　中央アジア出身のモンゴル系・トルコ系スンナ派王朝。北インドを支配し、第三代アクバル帝から第六代アウラングゼーブ帝の治世に最盛期をむかえたが、その後は急速に没落。デリー周辺の一地方政権に転落し、最後はインド大反乱の責任を問われてイギリスに滅ぼされた。

②—初期イスラームの回復を求めて

スーフィー教団の誕生と発展

現代イスラーム思想は、近代以前のイスラーム解釈と近現代に新たに産み落とされた多様なイスラーム解釈の複合体である。

十九世紀以降ムスリム社会をおそった巨大な社会変動は、思想家たちに「真のイスラーム」の再考を促した。もっとも、近現代の思想家たち自身が「時代の要請にこたえるためにイスラームの再解釈が必要だ」と主張したわけではない。再解釈を動機づけ、思想的にも正当化したのはむしろ、近代以前に支配的だったイスラーム解釈への疑念であった。実際、近現代における新たなイスラーム解釈の多くは、思想家たちがイスラーム解釈の現状に疑問をいだき、「真のイスラーム」を希求する過程で生まれた。社会変動や西洋近代文明への対応は多くの場合、それが「真のイスラーム」である以上、時代や社会の変化に適応できて当然と考える思想家たちの信念を反映するかたちで、新たなイスラーム解釈のなかに取り込まれたにすぎない。この点で、近現代のイスラーム思想改革は、少なくとも主観的には徹底的に内発的な運動だったといえる。

とはいえ、第一章の終りで述べたように、スンナ派の場合、新たなイスラーム解釈の可能性はタクリードの原理によってはばまれる。結果として十九世紀スンナ派の思想改革はタクリード批判という、方法論上の問題を中心に展開されることになった。もっともタクリードを批判する声は、初期イスラームへの関心が高まるなかで、十九世紀以前からムスリムの居住するさまざまな地域で聞こえている。そして意外なことにそうした声を、おそらくは意図することなく産み出したのは、本来現実政治や法学の議論とはもっとも遠いところにいたはずの一部スーフィー教団（タリーカ▲）の動きだったのである。

　タリーカは、神との内面的合一をめざす修行者（スーフィー▲）がすでに合一を体験したスーフィーを師として修行の指導をあおぐべく集団化した結果、十二・十三世紀ころに生まれたもので、のちに民衆を取り込み、一時はすべてのムスリムがどこかのタリーカに属したと伝えられるほどの繁栄をみた。加えて彼らは、アジア・アフリカ各地のイスラーム化にも大きく貢献する。各地の慣習に寛容な彼らの姿勢が、土地の信仰をイスラームに吸収するシンクレティズ

▼タリーカ　もともとは「道」を意味するアラビア語。スーフィー教団としては、ふつう創設者の名を冠して呼ばれるが、同一のタリーカ名をもっていても、多くの場合、地域が異なればほとんど交流はなく、相互の密接な関係や指揮命令系統も存在しない。

▼スーフィー　語源は「羊毛（アラビア語でスーフ）のボロを着て修行に励む人」という説が有力。

▲ム（習合）の役割をはたし、各地の人間に受け入れやすいイスラーム像を提供したためである。むろんタリーカのこうした姿勢や派手な儀礼、聖者崇拝・聖廟参詣といった慣行は、イブン・タイミーヤ師弟に代表される一部ウラマーから「逸脱」として厳しく非難された。けれども、やがてウラマーの多くがタリーカに加わり、ウラマーがスーフィーをかねることがふつうになると、タリーカ批判の声は急速に小さくなっていく。それは同時に、一部のタリーカがウラマーを抱え込むことで法学への関心を高める過程でもあった。

一方、タリーカの現実政治への関心も時がたつにつれて一部で高まっていく。例えば十六世紀の中央アジアで活動したナクシュバンディー教団▲のマフドゥーミ・アーザム▲は、君主や取巻きの多くがシャリーアの規範に無知なうえに、それを守ろうともしない現実を率直に認め、このような状況下でもシャリーアが民衆のあいだで敬意をはらわれるためには、スーフィーが民衆のみならずウラマーや君主、その取巻きをも教え導かなければならないと説いて、現実政治へのタリーカの関与を正当化した。かくて、もともと俗世と距離をおくことを修行の絶対条件とし、政治を俗世の極みとして忌避していたはずのタリーカのな

▼シンクレティズム　異文化の相互接触により多様な要素が混淆する現象。複数の宗教の混淆状態をあらわす用語として使われることが多い。

▼ナクシュバンディー教団　一二〇〇年ころ中央アジアで生まれたタリーカ。当初はホージャガーンと呼ばれていたが、中興の祖とされるバハー＝ッディーン・ナクシュバンドにちなんでこの名がついた。ムガル朝初期の十六世紀に南アジアに拡大した。

▼マフドゥーミ・アーザム（一四六一～一五四二）　預言者ムハンマドの子孫で、ナクシュバンディー教団思想の理論化に努め、遊牧民の君主たちからも広く尊敬を集めた。

かから、「世直し」を説く人びとがあらわれる準備は整ったのである。

インド発の「逸脱」撲滅運動

近現代イスラーム思想の形成に直接結びつく政治的・社会的な現状変革運動は十六世紀のインドで始まった。間接的とはいえ、ここに近代におけるイスラーム思想改革の大前提となったタクリード批判の源流を見出すことができる。

ムガル帝国第三代皇帝アクバル▲は、シャリーアが異教徒に支払いを命じている人頭税（ジズヤ▲）を一五六四年に廃止するなど、人口の大部分を占めるヒンドゥー教徒▲に寛大な政策をとり、ムスリムとヒンドゥーの共存・融和にもとづく帝国の安定を実現した。ところがこの政策にたいして、一部のウラマーやスーフィーから激しい非難の声があがったのである。彼らはアクバル帝の融和策をイスラーム信仰の根本とそれにもとづく社会秩序全体への脅威とみて断罪し、シャリーアの厳格な適用を訴えた。ナクシュバンディー教団のアフマド・アッ＝スィルヒンディー▲に代表されるこれら批判勢力の怒りはすさまじく、なかにはアクバル帝を「背教者」呼ばわりするウラマーまでいたと伝えられる。

▼アクバル（在位一五五六〜一六〇五）　ムガル帝国の事実上の創設者。新都アーグラーを建設し、諸宗教の代表を集めてしばしば討論会を催した。

▼ジズヤ　イスラーム法上、ズィンミー（「啓典の民」の庇護民）の成人男子に課される人頭税で、ムスリムによる庇護の代償、ジハードへの参加義務免除の代償とされる。

▼ヒンドゥー教徒　七一一年にウマイヤ朝がインダス川の中・下流域を征服して以来、ユダヤ教徒やキリスト教徒と同じ「啓典の民」とみなされ、ジズヤの支払いと引き換えに信仰の自由を認められた。仏教徒も同様。

▼アフマド・アッ＝スィルヒンディー（一五六四〜一六二四）　極端な体制批判、シーア派批判のため、ムガル帝国第四代ジャハーンギール帝によって一時投獄されたこともある。

▼**アウラングゼーブ**(在位一六五八〜一七〇七)　晩年はデカンのマラーターによる反乱や各地の農民反乱の鎮圧に追われた。帝の没後、帝国は政治的・経済的に分裂し、急速に衰退する。

彼らの主張はおよそ一世紀後、第六代皇帝アウラングゼーブ▲のもとで国策となり、一六七九年にはジズヤも復活された。とはいえ、より重要なのはインドという、ある意味では極めて例外的な環境で生まれたこの運動が、ムガル帝国の領内にとどまらず中央アジアからオスマン帝国、アフリカにまで影響をおよぼしたことである。その立役者は、アッ＝スィルヒンディーを祖とするナクシュバンディー教団内の一派ムジャッディド(改革者)派であった。いかにもインド発の運動らしく、彼らはただシャリーアの遵守《じゅんしゅ》を呼びかけるだけでなく、本来のイスラームから「逸脱」したムスリムの営みを浄化する必要を訴えた。インド・イスラームの文脈で「逸脱」といえば、それはすなわちヒンドゥー教の影響、ヒンドゥー教とのシンクレティズムを意味する。アクバル帝以来の対ヒンドゥー融和政策を非難してきたムジャッディド派にとって、ヒンドゥー教の影響を排除し、本来のイスラームを取り戻すことは緊急課題であり、このために「逸脱」批判は彼らの主張の中心を占めた。

　ムジャッディド派は十八世紀末までにムスリムの居住地全域に拡大する。各地のウラマーはシャリーアの遵守を唱えるその主張に魅了され、多くがこの教団に加わった。ところがさきに述べたとおり、この教団にはシャリーア遵守以外にもうひとつ、「逸脱」を廃して本来のイスラームを回復するという中心的な主張があった。それは本来、異教徒が大多数を占めるインドという特殊環境のなかで、政治の現状をシャリーアに従わせるため（ヒンドゥー教の影響を排除するため）に要請された課題であり、西アジアや北アフリカで当時実践されていたイスラームのあり方に異議を唱える意図は毛頭なかったに違いない。しかし、ムガル帝国の領外でムジャッディド派に加わったウラマーたちは、この教団の思想的影響を受けるなかでおそらくなにが「逸脱」か、なにが本来のイスラームだったのかを真剣に問い直しはじめたものと思われる。

ムジャッディド派が祖とあおぐアッ＝スィルヒンディーが「イスラーム暦二千年紀最初のムジャッディド」として広く各地のウラマーの尊敬を集めたことも見逃せない。ムジャッディドという思想は「神は世紀の変り目に、このウンマのために宗教上の事柄を改革する者を遣わす」という預言者ムハンマドのハディースを根拠に十一世紀以降広く普及していたが、各世紀のムジャッディドをだれとみるかをめぐってはさまざまな説があった。しかるにアッ＝スィルヒ

●――**デリーのスーフィー聖者ニザーム・アッ＝ディーン・オウリヤー廟**　インドでは今日でも宗教の違いに関係なく、人びとがスーフィー聖者廟、ヒンドゥー聖者廟に参詣する。

●――**ウラマーを囲んでの授業風景**　学生は師のまわりに車座になって講義を聞くのが長く伝統となっている。カイロのアズハル。

ンディーは、大多数のウラマーが一致して認めた「二千年紀最初のムジャッディド」であり、このことがウラマーをして根本まで立ち返らせ、「真のイスラーム」を問わせるにいたった可能性はある。一方で、シャーフィイー派・ハンバル派ウラマーの多くが、ムジャッディドはムジュタヒドでなければならないと考えていたこともあり、ムジャッディドの強調は、タブーとされてきたイジュティハード実践の再考を促す契機をもはらんでいた。

結果として十八世紀には、ムスリムの居住地各地で預言者ムハンマドの生涯と最初期のウンマへの関心が高まり、ハディース研究が隆盛をみる。そして、そうした営みはやがて、現に流布しているイスラーム解釈にたいする疑問や見直しにまでおよんでいくのである。

ハディース学者の活躍とタリーカの改革

十八世紀のイスラーム思想界は、初期イスラームへの強い関心と地域をこえたハディース学者の交流に支えられて、久方ぶりの活況を呈した。ナクシュバンディー教団ムジャッディド派がまいた「逸脱」批判の種も、初期イスラームを希求するハディース学者の手で、タクリード批判からイジュティハードの実践要求へと、予期せぬ成長をとげることになる。

　ハディース研究はもともとイスラーム教学のなかでも遊学の推奨される分野であったが、この時期には各地の学者が中東に向かっただけでなく、中東からインドへの遊学も活性化した。加えて、ムジャッディド派に代表される新たなタリーカへの加入が地域をこえたウラマーの交友を促進する。スンナ派イスラーム教学の最高峰アズハル▲を擁するカイロでも、アラビア半島紅海岸のザビードでも、活発なハディース研究がおこなわれた。なかでも隆盛を極めたのはメッカ、メディーナの両聖都である。ここでは居住者による非公式の集まりが核となって来訪者を受け入れ、コーランとスンナが認めなかった「逸脱」を廃して社会を浄化する目的でのハディース研究が進められた。しかも両聖都の学者たちは、それまでのハディース注釈をただ受け入れるのでなく、六伝承集以前にマーリク・ブン・アナス▲が編纂した『アル＝ムワッター』まで遡って初期イスラームを追求したのである。それは、スンナ派六伝承集の権威をただ受け入れるのではなく、自分自身でハディース批判をおこなおうとする意思の現れで

▼アズハル　九七〇年にシーア派の一派イスマーイール派のファーティマ朝が建てたモスクと学院を起源とする。アイユーブ朝期にスンナ派の学院となり、オスマン朝期にほかの学院がすたれるなかで、スンナ派教学最高峰の地位をえるにいたった。現在はエジプトの国立総合大学。

▼マーリク・ブン・アナス（七〇八頃〜七九五）　メディーナにおける法学の権威でマーリク派の名祖。彼の編纂した『アル＝ムワッター』は、預言者ムハンマドが暮したメディーナの慣習法を多数伝えている。

もあり、ハディース研究におけるイジュティハードの実践にほかならなかった。

　両聖都のハディース学者によるこうした動きに呼応するように、イスラーム法学におけるイジュティハードを求める声もまた聞かれはじめる。例えば南アラビアのアッ＝シャウカーニー▲は、ムジュタヒドが消滅したようにみえるのは、ムジュタヒド自身がイジュティハードの権利に固執すればタクリードの徒（伝統派ウラマー）による非難や名誉毀損にあって重大な危機に直面するために、沈黙を守らざるをえないからであるとして、ムジュタヒドは今日まで存在しつづけていると主張した。アッ＝シャウカーニーのこうした主張は、オスマン朝領内でもイジュティハードの権利を主張するウラマーが声をあげうる環境が少しずつ整いつつあったことを示唆している。

　一方で両聖都におけるウラマーの活動は、既存のタリーカの一部を適応・習合型からイスラーム純化・復古型の組織に移行させるきっかけにもなった。彼らは法学・神学を中心とする思想体系のなかにスーフィズムを位置づけたアル＝ガザーリー▲の名著『宗教諸学の再興』の研究を推奨したが、おそらくはこの提言を受け入れるかたちで、十八世紀のタリーカではガザーリーの再評価、

▼アッ＝シャウカーニー（一七六〇〜一八三四）　シャーフィイー派の法学者。シーア派の一派ザイド派の思想にも精通し、イエメンにおける法学の最高権威となった。伝記作品『七世紀以降の美徳の士に昇る満月』などにみられるイジュティハードの権利要求はワッハーブ派にも支持された。

▼アル＝ガザーリー（一〇五八〜一一一一）　イスラーム史上最大の知識人ともいわれるシャーフィイー派の法学者、スーフィー。ニザーミーヤ学院主任教授の職を投げうって一スーフィーとなるまでの軌跡を伝記作品『誤りからの救い』にまとめ、スーフィズムの正統化、ウラマーによる公認に大きく貢献した。

▼アフマド・ブン・イドリース（一七五〇頃〜一八三七）　モロッコに生まれたスーフィーで、メッカで教育に専念し多くの弟子を育てた。伝統派のウラマーと対立して一八二八年にメッカを追われ、アラビア半島のアスィール地方で没した。

注釈の執筆がおこなわれたのである。こうした流れのなか、メッカを拠点に活動したアフマド・ブン・イドリース▲のように、『コーラン』とスンナにもとづくスーフィズムを説くスーフィーもあらわれる。彼は教友以外のイジュマーの有効性を否定し、『コーラン』とスンナを法源とするイジュティハードの実践を求めることで、次代の思想改革にも貢献した。加えて十八世紀には、一部タリーカが組織面での自己革新をとげていく。教団員に他のタリーカへの参加や聖者訪問、聖廟参詣を禁止したティジャーニー教団▲は、イスラーム純化・復古型のタリーカが教団員の忠誠心を一元化して中央集権化した格好の例である。

　イドリースの弟子ムハンマド・ブン・アリー・アッ＝サヌースィー▲が創設したサヌースィー教団▲もまた、リビア内陸部で布教を進めるさい、ザーウィヤ（修道場）と呼ばれる拠点に人びとを集団入信させることで教団員の忠誠心を確保した。結果として効果的な動員が可能となったサヌースィー教団は、二十世紀初頭には、侵攻してきたイタリア軍を相手に粘り強い抵抗をみせる。このように十八世紀以降、思想と組織の両面で自己変革をとげたタリーカの一部もまた、旧来のタリーカと混在するかたちで、現代スーフィズムの直接の源流とな

▼ティジャーニー教団　アルジェリア西部出身のアフマド・アッ＝ティジャーニーが十八世紀後半に創設したタリーカで、北アフリカ、西アフリカに今日でも大きな勢力をもつ。

▼ムハンマド・ブン・アリー・アッ＝サヌースィー（一七八七頃〜一八五九）　アルジェリア西部出身のスーフィー。自らが創設したタリーカをスーフィズムの真髄と位置づける一方、『コーラン』とスンナの重視やイジュティハードの権利を主張して、自身の所属するマーリク派と決裂した。

▼サヌースィー教団　一八三七年にメッカで創設されたが、四〇年代に拠点をリビアに移してから飛躍的な発展をとげた。一九五一年のリビア独立にともない、第三代教団長イドリースが国王となったが、六九年のリビア革命によって王政は終了。以後教団の影響力も失われた。

っているのである。

デリーのシャー・ワリーユッラー

ハディース学者らの活躍によって、イスラーム解釈の現状と初期イスラームとの相違が広く認識されつつあったとはいえ、オスマン朝がなお強力だった十八世紀に、その領内でイジュティハードの権利を要求することは大きな危険をともなった。アッ＝シャウカーニーが指摘したように、タクリードの徒による非難や名誉毀損は避けられなかったからである。このためもあって、十八世紀にムスリム社会の「逸脱」を批判しイジュティハードの行使まで主張する勢力の旗手は、最終的にオスマン朝領外で活動した二人の思想家が担うことになった。一人はデリーのシャー・ワリーユッラー▲、もう一人はアラビア半島内陸部のムハンマド・ブン・アブドゥル＝ワッハーブ▲である。

両聖都で学んだ経験があり、スーフィー兼ハディース学者の典型ともいわれるワリーユッラーの活動を可能にしたのは、アウラングゼーブ帝逝去後のムガル帝国の急速な没落であった。激動のインド情勢は伝統派ウラマーの権威を失

▼シャー・ワリーユッラー（一七〇三〜六二）　父はウラマーかつナクシュバンディー教団のスーフィー。その思想は息子のシャー・アブドゥル＝アズィーズらに受け継がれ、アフマド・バレルウィーの指導下でイギリスの進出に抵抗した十九世紀前半のインド・ムジャーヒディーン運動の源流ともなった。主著『究極の神の明証』はイスラーム改革思想の古典となっている。

▼ムハンマド・ブン・アブドゥル＝ワッハーブ（一七〇三〜九二）　ハンバル派法学者の家系に生まれ、東アラブとイランの各地を遊学したと伝えられるが、詳細は不明。著書に『神の唯一性の書』などがある。

墜させ、結果として彼に思想改革を公的に主張できる環境を提供したのである。

ワリーユッラーはインドにおけるムスリム勢力の衰退原因を「逸脱」と内部対立に求め、その克服を訴えた。ムスリムは非イスラーム的慣習との妥協をやめて啓示にもどり、偶像崇拝的なスーフィズムの慣行を廃して、シャリーアの刑罰も適正に執行しなくてはならない。これと並行して学校をつくりイスラーム思想の復興に成功すれば、インドにおけるイスラームの地位は回復できる。

このように論ずる一方で彼は、インド・ムスリムの内部分裂・対立を解消すべく、タリーカ間や法学派間の意見の違いを棚上げし、たがいに非難し合わずにすむような思想的工夫をほどこした。スーフィズムの多様な理論は同じ内容を別々のメタファーで主張しているにすぎず、法学にあっては『コーラン』とスンナへのイジュティハードが義務である。加えて、ハディース研究は法学派内のタクリードに優先するために、先達《せんだつ》へのタクリードを旨とする法学派に固執することに意味はない。実際、ワリーユッラーは自分自身の法学派をたずねられたときにも「四法学派の合意点を結合し、ハディースに合致することを確認する」と答えたと伝えられる。

とはいえ、ワリーユッラーの議論はインドだけに限定されたものではなかった。彼は王権の発展によって初期ウンマの民主的伝統が破壊されたことに加え、イジュティハードの制限・停止こそがムスリム社会の堕落をもたらしたと主張した。また、『コーラン』の意味内容はふつうに教育を受けたムスリムならだれでも理解できると説く一方、六伝承集も不可謬ではなく、検証の対象になるとして『アル＝ムワッター』を重視するなど、伝統派ウラマーの拠り所である教学の権威そのものに疑義を呈している。こうした現状批判・権威批判はやがて弟子たちの活動をとおしてアラブ世界にも伝わり、十九世紀以降の思想改革者によるイジュティハードの要求を容易にさせる下地となっていくのである。

ワッハーブ派

一方、アラビア半島中部のナジュド地方に生まれ、前半生の大半をハディース研究の旅に過ごしたムハンマド・ブン・アブドゥル＝ワッハーブが始めた初期イスラーム復古運動は、なによりもまず聖者崇拝・預言者崇拝の撲滅を目的としていた。イブン・タイミーヤの戦闘的後継者を自認する彼の理解では、聖

ワッハーブ派のモスク　ワッハーブ派の拠点となったアッ゠サウード家の出身地ディルイーヤに十九世紀に建てられた。

者崇拝は聖者を神として崇めるものであり、アッラー以外の神を認めないイスラームの根本教義に反する「逸脱」「多神教」だったのである。こうした立場を象徴すべく、彼の運動に加わった人びとは「ムワッヒドゥーン」(神の唯一性の徒)を自称したが、周囲はこれを認めず、彼らをワッハーブ派と呼んだ。

イスラーム神学の説くところでは、人間と神のあいだには決定的な断絶がある。預言者以外の人間が神と話すことは不可能であり、人はただ神がくだされたシャリーアに従って生きるよりほかはない。だがおそらく問題は、人間が神に求めるものがこうした神学観念だけでは満足されえないことにあった。病気に苦しむ人びとや家内安全・商売繁盛を願う人びとにとって、神は自分たちの願いを確実に聞き届けてくれそうな、親近感あふれる存在でなくてはならなかったのである。とはいえ、ムスリムがアッラー以外の神を拝むことはできない。こうして生まれたのが聖者崇拝であった。聖者や預言者はふつうの人間よりも神に愛された存在と考えられ、死後も墓のなかで生きつづける魂が人びとの願いを聞き、神にとりついでくれるものと信じられた。同様に、彼らが触った木や石などにも恩寵《おんちょう》が宿っていると考えられ、願かけの対象となったのである。

このようにして生まれた聖者崇拝の伝統は、ワッハーブ派によって厳しく断罪されるまで、イスラーム信仰の一部として広く認められていた。けれどもワッハーブ派は、聖者は神とは違うという伝統派の主張を詭弁とみて斥ける。そればかりか彼らは、正しいことを他人に勧め間違ったことをやめさせるに実力をもってすべしという、いわゆる「勧善懲悪」▲思想にのっとって人びとの願かけの対象となってきた聖墓や聖木を破壊した。イスラームは公式の宗教会議をもたないために、万民が異端としないかぎり、さまざまな思想が否定されずに生き残る。「勧善懲悪」思想もまた、多くのムスリムの反対を乗りこえて生き残ってきた古くからの思想なのであった。

ワッハーブ派の運動はやがて地方豪族アッ＝サウード家▲と結びつき、自己の主張を実現するための武力を手にいれる。ここに成立したイスラーム復古主義国家は、徹底した偶像破壊とシャリーアの容赦ない適用を掲げ、武力闘争によって十九世紀初頭には両聖都にも支配を広げた。そこではかつてハワーリジュ派が主張したように、自称ムスリムでもシャリーアを守らない者が「不信仰者」としてジハードの対象となり、シーア派もまた「不信仰者」扱いされて、

▼勧善懲悪　正しくは「善の命令と悪の禁止」という。『コーラン』三章一〇四節、一一〇節、七章一五七節あるいは「悪を見たら、自らの手でそれを矯正しなければならない」というハディースなどが思想的根拠となっている。

▼アッ＝サウード家　リヤード近郊の小村ディルイーヤを支配する小豪族にすぎなかったが、一七四四年以降ワッハーブ派運動を支える武装勢力となり、数度の挫折を乗りこえて一九〇二年にリヤードを奪還。その後は遊牧民を定住させてジハード戦士イフワーン（「同胞」の意）に育て上げ、サウジアラビアを建国した。一九三〇年代以降は、石油開発契約にあたって破格の好条件を提示したアメリカと蜜月の関係にある。

▼カルバラー　ユーフラテス川沿いに位置するイラクの古戦場。フサインの殉教後、アリーの墓所ナジャフと並ぶシーア派の聖地かつ十二イマーム派ウラマーの研究教育拠点となった。

聖地カルバラー▲のフサイン▲廟を破壊されたのである。ワッハーブ派の王国はやがてオスマン朝スルタン▲をも異端として攻撃するにいたり、逆に異端扱いされて一度は滅ぶ。しかし一九三二年にはサウジアラビア王国を建国。スンナ派的に修正したワッハーブ主義▲を国教にすえて現在にいたっている。

もっとも、ワッハーブ派のはたした役割はサウジアラビアの建国にとどまらない。この運動は各地に存在したイスラーム純化の動きを決定的に顕在化させる一方、その後の展開にも大きな影響を与えた。なにより彼らは、伝統的な法学派のあり方に異議を唱え、イスラーム解釈の革新に道を開いた。唯一神教を厳しく追求した結果として、彼らは、現に聖者崇拝を「正統」として受け入れていた伝統法学派そのものまで否定せざるをえなかったのである。さらに彼らは武力によるイスラーム純化の可能性を示し、他地域における武装闘争▲を誘発した。これに加えて、実力行使による「勧善懲悪」やシャリーアの刑罰の厳格な適用といった主張が多くの現代イスラーム運動に受け継がれているのである。

▼**フサイン**（六二六〜六八〇）　シーア派第三代イマーム。アリーと預言者ムハンマドの娘ファーティマの次男。ムアーウィヤの死に乗じてウマイヤ朝からの政権奪取を企てたが、逆にカルバラーで惨殺された。

▼**スルタン**　十一世紀以降スンナ派の君主に与えられた称号。アラビア語で正しくはスルターン。政治理論上はカリフが授与することになっていたが、勝手に自称した君主も多く、オスマン朝の場合も自称である。

▼**スンナ派的に修正したワッハーブ主義**　ワッハーブ派の思想はがんらいムスリム全体の「逸脱」「多神教」を非難するもので、国境という意識はなかったが、修正ワッハーブ主義は聖者崇拝の禁止をサウジアラビア国内に限定し、他国領内での「勧善懲悪」を否定した。

▼**他地域における武装闘争**　インドのムジャーヒディーン運動、ファラーイジー運動、スマトラのパドリ運動など。ただし、ワッハーブ派による影響の度合いは、運動によって異なる。

十二イマーム・シーア派の変容

十八世紀はまた、シーア派のなかの最大宗派である十二イマーム派の思想が大きな転機をむかえた時期でもあった。スンナ派の思想改革者たちが二十世紀初めまでイジュマーという過去の呪縛に苦しみ、新たな聖典解釈の方法論的な是非をめぐる伝統派ウラマーとの論争に追われつづけたのにたいし、十二イマーム派の思想家たちは十九世紀初頭からイジュティハードの行使を前提に、個別の思想課題に取り組むことができた。言い換えれば、近現代イスラーム思想史におけるスンナ派と十二イマーム派の最大の違いは、スンナ派にとって決定的な重要性をもった聖典解釈の方法論問題が十二イマーム派ではすでに解決済みだった点にある。それをもたらしたのは、ウラマーの役割をめぐって十八世紀いっぱいくりひろげられた論争におけるウスーリー派▲の勝利であった。

すでに述べたとおり、シーア派はアリーとその子孫にムハンマドの政治的権威と宗教的権威がともに継承されるべきだったと主張する。もっとも彼らは時がたつにつれて、アリーのどの子孫をイマーム▲（ウンマの指導者）と認めるかをめぐってさらに分裂をかさねた。そのなかで最大宗派となったのは、アリーを

▼ウスーリー派　十一世紀に成立したとされる十二イマーム派内の法学派。極端な法判断をくだすムジュタヒドの存在がアフバーリー派による批判の的となり、十七世紀半ば以降傍流にあまんじていたが、十九世紀以降主流となった。

▼イマーム　「(宗教)指導者」一般を意味するアラビア語。主として、⑴集団礼拝の導師、⑵スンナ派のカリフ、⑶シーア派の政治・宗教指導者、⑷偉大なウラマーを指す。

はじめとする一二人をイマームと信じる十二イマーム派である。ただし一二人目のムハンマド・アル＝ムンタザル▲（待ち望まれるムハンマド）は八七四年に姿を消したまま今日にいたるまで「幽隠」（ガイバ）状態にあり、いつの日か救世主（マフディー）として再臨し、抑圧された十二イマーム派信徒に正義をもたらすと信じられている。また十世紀以降整備された同派の理論によれば、一二人のイマームはすべて誤りを犯すことのない超人的存在とされ（イマーム不可謬説）、彼らだけが『コーラン』を正しく解釈することができたと信じられた。つまり「だれを政治指導者とすべきか」という論争に端を発したスンナ派と十二イマーム派の対立は、双方の理論が整備されるなかで、前者がウンマ全体の合意によって神の命令の正確な解釈が保証されると主張したのにたいし、後者は十二人のイマームしか「真のイスラーム」を正しく理解できないと考え、スンナ派のイスラーム「誤読」を批判する形態へと移行したとみていいだろう。

　とはいえ十二イマーム派は、救世主たる十二代イマームの再臨をただひたすら待つという教義の性格上、長く現実政治への関心を欠いてきた。シャー（王）を「隠れイマームの代理」と主張したサファヴィー朝▲が十六世紀から十七世紀

▼ムハンマド・アル＝ムンタザル
八七四年にシーア派の大多数が認めていた第十一代イマームが没すると、多数派は、じつは第十一代イマームにはムハンマドという名の息子がおり、父から後継イマームに指名されていたと主張した。彼らがのちに十二イマーム派を形成するが、スンナ派はムハンマド少年の実在そのものを否定している。

▼サファヴィー朝（一五〇一～一七三六年）　もともとサファヴィー・タリーカの教主だったサファヴィー家が興した十二イマーム派の王朝。イラン、アゼルバイジャンを中心にコーカサスやアフガニスタンまで支配し、最盛期には首都のイスファハーンが「世界の半分」と称賛された。

にかけてイランの十二イマーム派化に成功するまで、同派のウラマーが現実政治にかかわる機会が乏しかったことも事実である。

しかるに一七三六年に成立したアフシャール朝によるワクフ(寄進)財の没収は、十二イマーム派のウラマーと王権との関係をこれまでになく緊張させた。そしてこの政治的緊張とアフシャール朝崩壊後の混乱のなかで、それまで十二イマーム派の主流だったアフバーリー派と、それに対抗するウスーリー派の本格的な論争が始まったのである。アフバーリー派はイジュティハードの実践をスンナ派に由来する「逸脱」とみて否定し、『コーラン』および預言者・イマームのスンナに判例がない場合は、その案件を世俗法廷に委ねるべきだと主張する。これにたいしウスーリー派は『コーラン』、スンナ、イジュマー(ただしイマームの同意が不可欠)、アクル(理性)を法源として、聖典に判例がない場合も、ウラマーがイジュティハードによって法判断すべしと説いたのである。

両者の論争は世俗法廷の位置づけ、言い換えれば十二イマーム派社会のなかでウラマーのはたすべき役割を根本から問うものであったために容易に決着せず、聖地ナジャフとカルバラーを中心に半世紀以上も継続する。けれども十八

▼アフシャール朝(一七三六〜九六年)　イラン東北部のアフシャール族が創設した王朝。初代ナーディル＝シャーの時代にイラン、西トルキスタン、北インドを支配したが、その後は内乱により衰退。カージャール朝に滅ぼされた。

▼ワクフ　私財の所有者がそこからえられる収益をある目的に永久にあてるため、所有権を放棄するイスラーム独特の寄進制度。ワクフはアラビア語で「停止」の意。所有権を放棄された財産がワクフ財。ウラマーを養成する学院の運営費はほとんどがワクフ収入によってまかなわれており、ウラマーの多くもワクフから俸給をえていた。

▼アフバーリー派　十七世紀に十二イマーム派思想界の主流となった法学派。十九世紀半ばまでにほぼ消滅した。

世紀末までには、ムハンマド・バーキル・アル＝ベフバハーニー▲の貢献もあってウスーリー派の勝利が確定的となった。そこではムジュタヒドがイマームの不在時に不可欠な「ウンマの指導者」とされ、十二イマーム派の信徒全員がいずれかのムジュタヒドの法判断に従わなくてはならないことが定められた。もっとも、状況の変化や見解の相違ゆえにムジュタヒド間の法判断は異なりうると考えられた結果、すでに死亡したムジュタヒドへのタクリードは禁止される。かくて十二イマーム派のイスラーム解釈は、スンナ派よりも一世紀早く先人の束縛から解放されることになったのである。

　ウスーリー派の勝利はやがて、イジュティハード権の有無によってウラマーと俗人を区別する体制を産み出し、マルジャエ・タクリード▲（模倣の鏡）を頂点とするウラマーの位階制も発展する。俗人はマルジャエ・タクリードのいずれかにホムス▲（宗教税）の納付を義務づけられ、ウラマーの活動を資金面で支えた。十九世紀前半には隠れイマームの政治的指導権は世俗王権が、宗教的指導権はウラマーが代行するという思想が広く普及する一方で、十二イマーム派ウラマーの政府からの独立性がいよいよ高まっていくのである。

▼**ナジャフ**　シーア派初代イマーム・アリーの墓廟があるシーア派の聖地で、カルバラーと並ぶ十二イマーム派ウラマーの研究教育拠点。現イラクのユーフラテス川西岸に位置する。

▼**ムハンマド・バーキル・アル＝ベフバハーニー**（一七〇五〜九一）　イラクのシーア派聖地（アタバートと総称される）で活動したウスーリー派のムジュタヒド。彼が育てた多くの弟子はやがてイラン・イラクの十二イマーム派ウラマー界で有力な地位を占めるにいたり、アフバール派の駆逐に貢献した。

▼**マルジャエ・タクリード**　アーヤトッラー・ウズマー（大アヤトラ）とも呼ばれる。当初は一人であったが、十九世紀末以降は複数のマルジャエ・タクリードが同時に存在する時代のほうが長くなっている。

▼**ホムス**　アラビア語で「五分の一」を意味することから、ふつう「五分の一税」と訳される。

③―西洋近代文明への対応

モダニズムとファンダメンタリズム

　さて、これまで内外の研究者はあまりにも多様な近現代イスラーム思想史の全体像を把握するために、思想潮流の類型化を試みてきた。その代表格がモダニズム／ファンダメンタリズム(「原理主義▲」)という、西洋近代文明にたいする対応の違いに注目した分類である。モダニズムはもともと、十九世紀末から二十世紀初頭にかけてキリスト教カトリック教会の内部で起きた宗教改革運動を指したことばで、西洋近代の文化や思想を肯定的にとらえ、古典的・伝統的な文化や権威からの解放をめざす思想傾向と運動一般を意味する。すなわち親西洋近代文明である。一方、ファンダメンタリズムもまた、本来は一九二〇年代のアメリカで注目を集めたキリスト教プロテスタント保守派の一派の神学的立場を意味していたが、この一派がダーウィン進化論を聖書の歴史記述に反するものとして激しく攻撃したことから、やがて反近代文明を唱える「時代錯誤」的な思想全般をあらわすことばとして広く普及した。近現代イスラーム思想史

▼**原理主義**　英語の「ファンダメンタリズム」の訳語として一九七九年のイラン・イスラーム革命をきっかけに日本のメディアで定着した。ただし明確な定義がなく、たんに「テロリズム」の意で使われることも多い。

研究が十九世紀末から二十世紀初頭の欧米で産声をあげ、その後も欧米を中心に発展してきたことを思えば、欧米の諸学界とりわけ宗教学の分野で広く用いられてきた、キリスト教起源のこうした概念が借用されたのも当然といえる。

けれども一九七〇年代にはいると、西洋近代文明にたいする姿勢の違いにもとづくこの種の分類法にかわって、新たな類型化モデルを提唱する研究者があらわれた。彼らは近現代とそれ以前のイスラーム思想史の連続性などを重視する立場から、西洋近代文明ではなく「変化する現実」への対応の違いにもとづく思想分類を考案していく。例えば板垣雄三は、一九七五年にモダニズム／ファンダメンタリズムの両概念を「現実からイスラムに問題を投げかけるモダニストの立場と、イスラムを現実におしつけていこうとするファンダメンタリストの立場」とに定義しなおしたが、これは一九八〇年代にジョン・ヴォルが考案した近現代ムスリムの四つの類型化モデル▲の、「変化する状況に積極的にイスラームを適応させようとするアダプショニスト」、「信仰の根本への回帰を呼びかけることで現状を批判するファンダメンタリスト」にそれぞれ対応していた。つまり、この新たな類型化モデルは内外で確実に一定の支持をえてきたと

▼四つの類型化モデル　残る二つは「急激な変化に抵抗する保守派」と、「カリスマ的な救世主を待望する人びと」である。

みていいだろう。そしてそうした支持はおそらく、旧来の分類法がかかえていた深刻な欠陥を回避しようとする研究者たちの知恵の現れでもあった。

旧来の分類法の最大の欠陥は、西洋近代文明にたいする姿勢の違いを分類の基準にしておきながら、西洋近代文明の特質をどこに見出すかという基本中の基本を個々の研究者の自由な判断にまかせてしまったことにある。このため「西洋近代文明」は、ときに合理性を重視する姿勢、ときに自由や民主主義、人権尊重、男女平等などの主張、またあるときには世俗化志向といったふうに、その場その場で好きなように解釈され、恣意的な思想分類を産み出しつづけてきた。なかでも大きな影響力をもったのは、「近代化には世俗化が不可欠」としたかつての近代化論である。もちろん、世俗化をともなわない近代化が可能かどうかは容易に結論のでる話題ではない。しかしながら、近代化には世俗化が不可欠と信じて疑わない研究者がおこなう類型化には、近現代イスラーム思想史を過度に単純化して「誤読」してしまう危険がたしかに内包されていた。

結果として、近現代イスラーム思想史研究そのものが歪められてしまったと思われるケースもある。例えばイスラーム史上初の大規模な大衆政治社会運動であったエジプト・ムスリム同胞団の場合、その創設者ハサン・アル＝バンナーの思想はおおむね親西洋近代文明であったにもかかわらず、多くの研究者はこれをファンダメンタリズムに分類してきた。ムスリム同胞団が世俗化・脱宗教化に反対して、西洋近代文明とイスラームの伝統を調和させるかたちでの現代「イスラーム国家」の建設を志向したため、また当時エジプトを事実上支配していたイギリスにたいするジハードを呼びかけたためである。すなわちここでは、世俗化への反対と国際政治における反欧米列強の姿勢（エジプトの独立要求）だけがムスリム同胞団を分類する材料とされてしまい、彼らのもつ親西洋近代文明的な側面はほとんど無視された。

　近現代イスラーム思想史の全体像を適切に把握・提示するという目的に照らして考えた場合、こうした過度の単純化あるいは国際政治上の立場との混同がもたらす弊害ははかりしれない。一九七〇年代以降考案された新たな類型化モデルは、少なくともこの種の欠陥を回避することができたのである。

　とはいえ、新たな類型化モデルが学界の圧倒的支持を受けたわけでもない。内外を問わず、西洋近代文明にたいする姿勢の違いを重視した近現代イスラー

▼ハサン・アル＝バンナー（一九〇六〜四九）　ナイル・デルタの生まれで、カイロの師範学校ダール・アル＝ウルーム卒。学校教師として赴任していたイスマーイーリーヤでムスリム同胞団を結成。一九三二年、自身の転勤にともなって本部をカイロに移し、同胞団を団員百万といわれる巨大組織にまで育て上げた。秘密警察によって暗殺されるまで、終生同胞団の最高指導者。

▼エジプトの独立　一九一九年革命の結果、二二年にイギリスはエジプトの独立を一方的に宣言。エジプト王国が成立したが、現実にはスエズ運河一帯に残ったイギリス軍に象徴されるイギリスの支配が継続したため、この独立は名目的独立と呼ばれ、真の独立が希求された。

ム思想の類型化は続いているし、モダニズム／ファンダメンタリズムの両概念もつぎからつぎへと新しい定義を与えられている。このように混乱した状況のなかで、「誤読」を防ぐためにわれわれができることはせいぜい、近現代イスラーム思想史を語るにあたって、いまや複数の意味をもつにいたったこれら二つの概念を安易に使用しないこと、こうした用語を目にしたときには「西洋近代文明」として語られているものの中身を執拗に確認すると同時に、思想と国際政治上の立場とを厳格に区別することくらいなのかもしれない。もっともそれは、たんに近現代イスラーム思想史研究にとどまらず、ベストセラー『文明の衝突』▲や九・一一アメリカ同時多発テロ事件▲をへて、西洋近代文明とイスラーム文明の価値観対立が注目を集める「いま」を生きるうえでも必要不可欠な作業かと思われる。

西洋の衝撃と「近代化」への三つの道

スンナ派のイスラーム思想史にとって決定的な転機は十九世紀、「西洋の衝撃」によってもたらされた。ナポレオン・ボナパルト▲のエジプト占領（一七九

▼**『文明の衝突』** 一九九六年に刊行されたサミュエル・ハンチントンの著書。一九九三年に発表された論文を補充・拡張したもので、文明間の対立の原因を価値観対立に求めている。もっとも、西洋文明とイスラーム文明の価値観のどこが具体的に対立するのかはまったく指摘されていない。

▼**九・一一アメリカ同時多発テロ事件** 二〇〇一年九月十一日にアメリカで勃発。ハイジャックされた複数の旅客機がニューヨークの世界貿易センタービルやワシントンの国防総省ビルに突入し、三〇〇〇人をこえる死傷者がでた。実行犯はアル＝カーイダに共鳴したムスリム青年とみられている。ここからアメリカ主導の「テロとの戦い」が始まった。

八年)を境に、圧倒的な政治力・経済力・軍事力をともなってムスリムの前に立ちあらわれた西洋近代文明は、それまで疑う余地のない真理とされてきた「シャリーアの絶対性・唯一性」という理念そのものにあからさまな挑戦状をたたきつけたからである。結果として、この危機のなかで生まれた新たな思想潮流もまた、以前とは大きく違ったものにならざるをえなかった。もっともこの状況下で思想家たちが立てた最初の問いは、徹底的にイスラームの思想伝統にのっとったかたちをとる。ムスリムともあろうものが、なぜキリスト教徒の西洋などに遅れをとってしまったのか。彼らはそう問うたのである。

イスラームはがんらいユダヤ教・キリスト教の誤りを正す完璧な宗教として自己規定しており、神はムスリムにこそ栄光をもたらすと信じられてきた。神の命令に服従した報酬は、天国という個人のレベルのみならず、現世におけるウンマの繁栄というかたちでも約束されているはずだったのである。ウンマ生誕以来一二〇〇年続いた繁栄の歴史がこの信念を強化した。しかるにいま、ムスリムが西洋近代文明に圧倒されているのはなぜか。どうして「人類最良のウンマ▲」がこのような異常事態に陥ってしまったのか。

▼ナポレオン・ボナパルト(一七六九~一八二一)　フランス皇帝(在位一八〇四~一四)。革命政府の国内軍司令官を務めていた一七九八年、突如エジプトに遠征し、在地のマムルーク軍を破ったが、自国艦隊がイギリス海軍に敗れ、戦局が悪化するなか、九九年に帰国。残されたフランス軍も一八〇一年イギリス軍に降伏した。

▼人類最良のウンマ　『コーラン』三章一一〇節などを参照。

原因の究明は当然ながら、ウンマが本来享受するはずの繁栄を取り戻す処方箋の提示に直結する。だが、ここでも思想家たちはイスラーム的というよりほかはない枠組みのなかで答えをえようとした。すなわち彼らは、ウンマが神の命令にさからったから神の怒りをかった、没落はいわば天罰だと考えたのである。

『コーラン』自身がイスラームを「完成された宗教」と明言している以上、イスラーム自体に非はなく、イスラームそのものの改革もありえない。非があるとすれば、それはウンマ、ひいてはそれを構成するムスリム個々の側にある。もっとも、神の命令にさからうという状況には論理的にみて二つの可能性がある。命令を正確に理解しているにもかかわらずあえて従わないケースと、命令そのものを誤解したがゆえに無意識のうちにさからってしまうケースである。

結果としてここから、ウンマの復興をめざす二つの方向が生まれた。ひとつは怠惰や意志の弱さゆえに神の命令に従わずにきたウンマの現状を変革する試み（シャリーア遵守の呼びかけ）、もうひとつは『コーラン』に立ち帰って「真のイスラーム」を再考し、伝統的な解釈の「誤解」を正そうとする営み（解釈の革新)である。前者が思想よりも運動のかたちをとったことはいうまでもない。とはいえ、シャリーアの遵守を説く運動家はしばしば「真のイスラーム」を追求する思想家をかねていた。一方、後者の営みはまさに近現代イスラーム思想史を形成する原動力となる。それは一貫して西洋近代文明を意識し、最初は科学技術や政治制度とイスラームの両立を模索するかたちで、のちには政教分離や反政府活動をも正当化する手段として、すこぶる多様な展開をみせることとなった。

もっとも、近現代にあってムスリムが選んだ道はこれだけではない。ヨーロッパへの従属が進むのを阻止すべく、ムスリム諸王朝が始めた大胆な「近代化」(西欧化)政策のなかで生まれた新たな知的エリートの多くは、西洋近代思想の影響のもとに第三の道、つまり事実上の政教分離を志向した。そして、多くの国の現実政治にあって、二十世紀半ばまで政策の主流を占めてきたのは、むしろこの政教分離路線だったのである。むろん一部のまれな例外を除いて、政教分離が思想として公言されたことはない。彼らが利用したのは、伝統的なイスラーム解釈には誤解があったとする改革思想家たちの主張であった。かくて、現実に進む政教分離は「真のイスラーム」として正当化されていくのである。

アッ＝タフターウィーとハイルッ＝ディーン

オスマン朝大宰相のなかには十八世紀の時点ですでに、ある種の西洋科学技術の導入が有益であると考えた者もいたらしい。だがオスマン朝における西洋化改革は、中央集権の復活に抵抗する地方名士▲層や、既得権益の喪失を恐れる官僚、イエニチェリ▲、ウラマーらにはばまれて挫折を繰り返す。加えてオスマン朝では、西洋化をイスラームに反すると考える高位の伝統派ウラマーが長く政治力を保ちつづけた。結果として、西洋近代思想をイスラーム思想と両立させる試みは、まずはエジプトで始まることになる。そこではムハンマド・アリー▲の独裁によって伝統派ウラマーの政治力が低下し、強権的な西洋化が進んでいた。

この条件下で最初に大胆な提言をおこなったのは、アズハル出身のウラマー、リファーア・ラーフィウ・アッ＝タフターウィー▲である。エジプト民族主義▲の

▼地方名士　十八世紀から十九世紀初頭にかけてオスマン朝の地方社会を支配した有力者で、アラブ地域やアナトリア、バルカン半島ではアーヤーン、北アフリカではベイ、デイなどと呼ばれた。一部は二十世紀初めまで影響力を保ちつづけた。

▼イエニチェリ　オスマン朝の常備軍歩兵。十四世紀後半に創設され、オスマン朝の領土拡大に大きく貢献したが、十七世紀以降、既得権益集団化してしばしば首都で反乱を起こし、とくに軍政改革に抵抗した。一八二六年、新設の洋式軍団に排除され廃止。

▼ムハンマド・アリー（在位一八〇五〜四八）　オスマン朝のエジプト総督。ムハンマド・アリー朝の創始者。ギリシア北東部の商人一家の出身で、エジプトの事実上の支配者となってからは在地のマムルーク勢力を一掃。独裁者として富国強兵に取り組んだ。

▼リファーア・ラーフィウ・アッ＝タフターウィー（一八〇一～七三）　上エジプトの名家に生まれ、フランス留学から帰国してからはパリ滞在記『パリ要約のための黄金の精錬』を著す一方、語学学校校長、翻訳局局長などを歴任し、フランス啓蒙思想の紹介にも努めた。

▼エジプト民族主義　ムスリムはもともと宗教にもとづくウンマへの帰属意識しかもっていなかったといわれるが、アッ＝タフターウィーはアラビア語で「故郷・くに」を意味する「ワタン」に新たに「祖国」という意味を与えることで、エジプトの住民にエジプト国民意識を植えつけようとした。

創出者としても名高いこの思想家は、フランスへの留学をきっかけに西洋近代思想の洗礼を受け、西洋近代文明の所産と伝統的なイスラーム思想の接合、あるいは西洋近代文明の導入によるイスラーム的な「世直し」を試みた。彼にとって最大の関心事は、多くの思想家同様、シャリーアに従う政治の実践にあったが、この時期のエジプトの政治体制はムハンマド・アリーの専制でしかない。こうした状況をいかにして改善するか。

　アッ＝タフターウィーは、シャリーアよりも西洋近代文明に魅力を感じている独裁者に見合ったかたちでシャリーアによる支配を訴える。彼によれば、西洋近代文明の基礎を成す「自由」はイスラームのいう「正義」にあたるが、それは国民が合法的な行為をおこなう権利、非合法の行為を強制されない権利にほかならない。シャリーアによる支配が貫徹されれば、国民は愛国心に燃えて国家建設に邁進する。シャリーアとウラマーへの敬意こそ、エジプト発展の礎なのである。

　しかし、お題目を唱えるだけでは説得力がない。法もウラマーも旧来のままでいいはずはなく、変わっていくべきだろう。このように考えて彼は、シャリーアを新たな環境に適応させる必要を説くとともに、ウラマーもまた西洋近代科学を学ばなくてはならないと訴えた。そもそもシャリーアと西洋法の原則とのあいだにそれほど大きな違いはなく、自由のみならず人権や平等に対応する思想も本来イスラームのなかに存在している。加えて西洋の科学技術は、もともとイスラーム世界から輸入されたものであって、ムスリムは失ったものを自らの手で取り戻さなければならない。このように述べる一方で、アッ＝タフターウィーは言論の自由・表現の自由をも支配者に要求し、同時に支配者を動かす健全な世論の形成に向けて、男女を問わぬ国民教育の必要を唱えつづけた。

一方、カフカース出身のマムルーク▲（奴隷軍人）で、チュニジア・フセイン朝▲のベイに登用された宰相ハイルッ＝ディーン▲もまた、権力が専制君主の手にあるとき公正な権力行使はいかに保証されうるか、という問いから出発した。彼は西欧諸国の繁栄の秘密を探り、責任内閣制と議会こそ正義と自由にもとづく政治制度であると確信する。同時に彼は、本来の「イスラーム国家」とはそうした制度にもとづくものであったとも信じるにいたった。加えて彼は、ウンマが力を取り戻すためには西洋の力の根底にあるものを採用する必要もあるとし

▼**マムルーク**　トルコ系、チェルケス系などの白人奴隷軍人を指すことが多い。奴隷身分から解放されると、エリート軍人として支配階級を構成した。

▼**フセイン朝**（一七〇六～一九五七年）　チュニジア最後の王朝。公的にはオスマン朝の属州であったが、実質的にはベイの支配する独立国であった。一八八三年以降フランスの保護国となり、チュニジアの独立とともに滅亡した。

▼**ハイルッ＝ディーン**（一八二二～九〇）　一八五七年から六四年、七三年から七七年の二度にわたってフセイン朝の宰相を務め、六一年には憲法制定の立役者となったが、最終的には改革の挫折とともに失脚。主著『王国の状態を知るためのもっともまっすぐな道』を高く評価したオスマン朝のアブデュルハミト二世にまねかれ、一八七八年にはオスマン朝大宰相となったものの翌年ふたたび失脚した。

▼**カイラワーン**　ウマイヤ朝による最初の北アフリカ遠征にさいし、六七〇年に建設された北アフリカ最古のイスラーム都市。ファーティマ朝の攻撃を受けて一時荒廃したが、フセイン朝の庇護下で都市再建がはかられ、マーリク派ウラマーの一大拠点となった。

▼**ザイトゥーナ学院**　チュニスの大モスクとして建立されたザイトゥーナ・モスクに付属する学院で、マーリク派法学の最高峰。同派ウラマーの牙城となった。チュニジア独立後はブールギーバ政権によって廃校され、ウラマーの勢力も大きくそがれた。

ハイルッ＝ディーン

て持論を補強する。だが問題は、西洋近代流の政治制度を導入することがシャリーアに反さないか、という点にあった。エジプトと違って当時のチュニジアでは、カイラワーン▲とザイトゥーナ学院▲を拠点とする強力なウラマー勢力がなお健在であり、改革を進めるうえでこうした問いは避けられなかったのである。

もっとも、ハイルッ＝ディーンはこの問いに答える過程でシャリーアの概念を抜本的に見直し、結果として近現代イスラームの主流となる思想を構築する。すなわち彼は、人びとが合意した内容がシャリーアに反さなければ、それはシャリーアとみなしうる、政治家が提案した法案がシャリーアの諸原理に合致しているかどうかをウラマーが判断すればよい、という新たなテーゼを提出したのである。このテーゼはやがて、議会制とシャリーアの支配を両立させうる思想として広範な支持を集めていく。二十世紀に事実上の政教分離を進めた各国政府も、このテーゼの前半部分だけは採用して、自国の法――実際には西洋起源の実定法――がシャリーアであると強弁した。

ハイルッ＝ディーンはまた、議会政治の根幹を成す多数決原理のイスラーム的正当化にも努めている。彼は第二代正統カリフであったウマルが第三代カリフを指名するために六名の教友に協議を命じたさい、「二名と四名に意見が分かれたときは四名の意見に従え」と命じた故事を引用して、初期ウンマが多数派の見解を支持した以上、多数決の原理はシャリーアに反さないと主張した。また法案の検討・審査は、法の適用される政治や社会の状況をウラマーが熟知していてはじめて可能になるとして、ウラマー層の自己変革を求めている。このように、西洋近代思想との出会いはウラマーの現状にたいする批判をも喚起し、やがて訪れるイジュティハードの実践要求に道を開く結果となるのである。

アル＝アフガーニーの貢献

アッ＝タフターウィーやハイルッ＝ディーンが展開した専制批判や、西洋近代文明の所産をイスラーム起源とみる発想は、オスマン帝国本土にあって立憲制の確立と議会の開設を追求したナームク・ケマル▲らにも共通していた。だが同時にそこでは、列強の進出に圧倒されるなかで、新たな思想も顔をみせはじめる。民族や王朝の枠をこえて、ムスリム全体の連帯を説くパン・イスラミズム▲である。

▼ナームク・ケマル（一八四〇〜八八）　オスマン朝で一八六〇年代半ばから立憲制を追求した「新オスマン人」を代表する思想家。政府高官を輩出した家系に生まれたが、西洋近代政治思想の影響を受けて専制批判を展開。一八六七年以降はヨーロッパに逃れて『ヒュッリイェト』誌を刊行し、帰国後は政府批判のために流刑になったこともある。

▼パン・イスラミズム　十九世紀後半、ドイツとイタリアが統一を実現したことに刺激され、オスマン朝を中心に高揚した思想。アブデュルハミト二世のもとで国策となった。

▼ジャマールッ＝ディーン・アル＝アフガーニー（一八三九〜九七）　宗派をこえたムスリムの連帯を訴える関係上、スンナ派のアフガニスタン出身を意味するアル＝アフガーニーを名乗ったが、実際はイランのアサダーバード出身の十二イマーム派だったらしい。ムスリムの団結を実現するため、しばしば専制君主にも接近し、最後はオスマン朝のアブデュルハミト二世に事実上幽閉されて世を去った。

▼サイイド・アフマド・ハーン（一八一七〜九八）　ムガル帝国官僚の家系に生まれたが、イギリス側の官吏となり、西洋近代科学と思想の選択的導入によるイスラーム思想の改革を訴えた。他方、政治的にはイギリスとインド・ムスリムの和解を唱えた。

もっとも、この思想をムスリムの居住地の隅々まで広めた功績はイラン生まれのジャマールッ＝ディーン・アル＝アフガーニー▲（アサダーバーディー）に帰せられる。彼はイスラーム世界全体が帝国主義によって脅かされていることをいち早く見抜き、インドからイラン、エジプト、オスマン帝国、さらにはヨーロッパにまでおよんだ旅の先々で、この脅威に対抗するための団結を説いてまわった。スンナ派であれシーア派であれ、ムスリムは連帯してヨーロッパと戦わなくてはならない。信仰にもとづくムスリムの絆は本来もっとも強固なものであって、これさえ取り戻せば帝国主義に勝利することができるのである。

アル＝アフガーニーはこのように主張するとともに、闘争の前提条件として、ムスリムが自らの責任でまねいたウンマの衰退を急速に打破しなくてはならないとも説いた。外への抵抗と防衛のためにこそ内なる改革、つまりイジュティハードの実践と近代科学の摂取、専制支配の打破と立憲制の確立が求められたのである。改革思想そのものを共有しながら、対英協力路線をとったインドのサイイド・アフマド・ハーン▲一派を彼が激しく攻撃したのも、それが帝国主義列強を利する結果にしかならないと信じたがためであった。一方で彼は、イスラームは科学にもっとも近い宗教であるとして、イスラームと科学の不一致を説くエルネスト・ルナン▲に反論するとともに、西洋近代科学を拒絶する伝統派ウラマーをも弾劾する。ウラマーの自己変革なくして、どうしてウンマが復興できるのか。

　アル＝アフガーニーは「神は、人間のほうが自己の状態を変えないかぎり、決してある民族の状況を変えたりはしない」(一三章一一節)という『コーラン』の一節をしばしば引用して、各地のムスリムを行動へと駆り立てた。これ以後、この一節はムスリムが好んで唱える章句となる。さらに彼は、イスラームの六信の一つであるカダー▲やカダル▲といった「(神の)予定」を意味する信条を取り上げ、それが宿命論とは異なることを強調した。この信条が命じるのは、ムスリムであれば結果を恐れることなく行動せよという、宿命論の対極にある思想なのだ。彼はそう説いたのである。

　アル＝アフガーニーの思想は一八八四年に彼自身がパリで刊行した雑誌『固き絆』をとおして各地に広まり、強烈な影響を撒き散らしていく。また、帝国主義勢力と結託する王朝権力の腐敗を糾弾したエジプトのオラービー運動▲やイ

▼エルネスト・ルナン(一八二三〜九二)　フランスの思想家・宗教史家。キリスト教の歴史科学的な研究を進め、大著『キリスト教起源史』を著した。一八八三年にソルボンヌ大学で「イスラームと科学」と題した講演をおこなったさい、イスラームもキリスト教と同じく、科学とは別の領域をあつかう「宗教」であり、科学とは調和しないと結論づけた。

▼カダー、カダル　イスラームはユダヤ教、キリスト教と同じく全知全能の唯一神を信じているが、神が全知であれば当然、将来起こる事態も知っていることになる。人間の側からみればそれは「予定・運命」にほかならない。

▼オラービー運動(一八八一〜八二年)　アフマド・オラービー大佐に率いられた近代エジプト最初の民族運動。「エジプト人のためのエジプト」をスローガンに、西欧列強とムハンマド＝アリー朝のトルコ・チェルケス系支配層、さらにはオスマン朝にも反旗を翻したが、イギリス軍に敗れ、イギリスによるエジプト支配をまねく結果となった。

●――アル＝アフガーニーの肖像が描かれた『固き絆』の表紙
雑誌『固き絆』は一八八四年の一年だけパリで刊行されたが、のちに一冊の本にまとめられ、版をかさねている。

●――エジプトで放映されたアフガーニーの連続テレビドラマのシナリオ表紙　一九七〇年代以降「イスラーム復興」と呼ばれる時代が到来すると、アル＝アフガーニーやアブドゥフといった近代イスラームのヒーローを題材にした連続テレビドラマも制作・放映され、人気を博すことになる。

ランのタバコ・ボイコット運動▲など、さまざまな「民族」運動の背後にも彼の強い影響力をみてとることができる。かくて、十九世紀西洋の観察者たちが受動的で宿命論的な「従属民族」のレッテルを貼らざるをえなかったムスリムの行動様式は一変し、自らの手で初期ウンマの栄光を取り戻そうとする動きがこれ以後、各地で顕在化した。アル＝アフガーニー自身が思想構築よりも行動を重んじたために、彼の思想が体系化されることはなかったが、それは各地のムスリムに強い霊感を与え、スンナ派、シーア派を問わず、現代イスラーム思想の確かな源流となったのである。

アブドゥフの功罪またはスンナ派の悲劇

近代におけるスンナ派の思想改革は、アル＝アフガーニーの弟子で『固き絆』の主筆も務めたアズハル出身のウラマー、ムハンマド・アブドゥフ▲の登場で一つの頂点をむかえる。アッ＝タフターウィーやハイルッ＝ディーンが遠慮がちにシャリーアの改革を唱えたのとは対照的に、彼が公然とイジュティハードの権利を要求し、エジプト最高ムフティー▲(イスラーム法判断者)として、現

▼**タバコ・ボイコット運動**(一八九一〜九二年)　カージャール朝は一八九〇年にタバコの専売利権をイギリス資本に譲渡したが、この事実が翌年明るみにでると、イラン国民はタバコをボイコット。一八九二年初頭、政府は利権の全面撤回を約束した。

▼**ムハンマド・アブドゥフ**(一八四九〜一九〇五)　ナイル・デルタの小村に生まれ、オラービー運動に連座して一時国外に追放されたが、帰国後はイギリス占領当局と良好な関係を築き、アズハル改革や行政改革、教育改革に取り組んだ。主著に『神の唯一性論考』『コーラン注釈』などがある。

▼**ムフティー**　一般ムスリムからの質問に答えて、ファトワーを出す法学者のこと。

にそれを実践したと理解される複数のファトワー▲（法判断）を発出したためである。アブドゥフは利子▲・配当や、非ムスリムが命を絶った動物の肉を食べることの是非、あるいは衣服の制約といった諸問題についてすこぶる斬新なファトワーを発出したために、伝統派ウラマーの激しい批判にさらされた。君は四法学派を創った大ムジュタヒドと同等の偉大なウラマーだとでもいうのか。そうでなくて、なぜイジュティハードなどという大それたことができるのか。

　だがアブドゥフはひるまない。それどころか彼は、西洋近代文明に圧倒されるなかでイスラームが生き残るために、啓示と理性の関係を中心とするイスラーム思想の本格的な再構築に取り組んだ。これもまた、それまでの思想家が部分的にしか取り組んでこなかった課題である。

　アブドゥフをこうした方向に向かわせたのはなによりも、西洋化にともなう二重法体制・二重教育体制の弊害としてあらわれたイスラーム道徳の深刻な頽廃にたいする強い危機感であった。いまや、西洋近代思想にふれた欧化エリートが公然とイスラームの価値への疑問を口にしはじめていたのである。西洋流の教育をほどこす新しい学校と、伝統的なイスラーム教育にたずさわるアズハ

▼ファトワー　口頭でも書面でもかまわないが、裁判の判決のような法的強制力はもたない。

▼利子　アラビア語ではリバーというが、リバーは『コーラン』で明確に禁止されているため、実際は利子にあたるものでもリバーとは呼ばないことのほうが多い。『コーラン』に明確な定義がないことが、こうした現象に拍車をかけている。

ルとが相互に連絡を欠いたまま、まったく異質な価値観をもつ二通りの人間をつくりだしてきた結果がこれであった。アブドゥフは西洋へのタクリードと中世イスラームへのタクリードをともに非難することで、事態の打開をはかる。イスラームにおいて克服されるべきものは、本来の精神と信仰を誤らせる外来の要素（哲学者・シーア派・スーフィーそれぞれの偏った立場）とイジュティハードの禁止である。この二つこそ、ウンマを衰退させた原因にほかならない。真のイスラームは理性と啓示の調和にあり、正しく理性を行使した結果であれば、イスラームはあらゆる理性の所産を受容できる。ムスリムが知的堕落に落ちているあいだに、ヨーロッパはイスラームから学び、理性を働かせて文明を発展させた。ムスリムは『コーラン』の命ずる理性の行使をつうじて、かつての偉業をふたたび成しとげるべきであり、それにはまずシャリーアを再解釈して「現代」の課題に適合させることである。

アブドゥフのこうした思想は、弟子ムハンマド・ラシード・リダー▲の発刊した『アル＝マナール』▲誌の影響力により、各地に広まっていく。結果としてタクリードの呪縛は著しく緩和され、ムスタファー・アブドゥッ＝ラーズィク▲に代

▼**ムハンマド・ラシード・リダー**（一八六五〜一九三五）　レバノン北部出身の改革思想家。『固き絆』誌に刺激されて、一八九七年カイロに移りアブドゥフに師事。晩年はサウジアラビアのワッハーブ派思想に傾倒し、法学的な厳格さを追求した。

▼**『アル＝マナール』**　アラビア語で「灯台」の意。『固き絆』誌を継ぐ雑誌として、一八九八年から一九四〇年までカイロで刊行され、リダーの没後はムスリム同胞団が刊行を引き継いだ。

▼**ムスタファー・アブドゥッ＝ラーズィク**（一八八二〜一九四七）　上エジプト・アル＝ミニヤの大地主の家に生まれ、アズハルでアブドゥフに師事。一九四五年以降アズハル総長を務めたが、伝統派の抵抗に悩まされ心臓発作で急死した。アリー・アブドゥッ＝ラーズィクの兄でもある。

表される彼の弟子たちがアズハル総長を含む高位のウラマーとなった二十世紀半ば以降、イジュティハードは実質的にアズハルの認めるところとなった。もちろん、アズハルが公式にイジュティハードの行使を承認したわけではない。しかし今日、過去のイジュマーの克服が思想界で話題になることもない。かくて、スンナ派の近代思想にとって長く重荷となってきた聖典解釈の方法論問題はいちおうの決着をみたのである。

もっとも、ひとたび伝統的なイスラーム解釈が放棄されて、個人の判断に道が開かれると、なにがイスラームに一致しなにが反しているのか、ムスリム自身が合意すること自体、極めて困難になる。二十世紀には識字率の著しい向上により、ウラマーのみならず一般ムスリムも新たなイスラーム解釈に参入した。結果として現代のスンナ派では、なにがイスラームなのかという基本中の基本すらかぎりなく曖昧《あいまい》になってしまい、非欧米的なものこそイスラームなのだという逆転の発想さえ生まれてくる。

むろんアブドゥフ自身がこうした思想的混乱を望んでいたわけではない。彼は「真の西洋近代文明はイスラームと矛盾しない」と主張することで、あくまでも西洋近代文明にたいするイスラームの優位を保とうとした。つまり彼にとって、西洋近代文明の所産はムスリムが取捨選択すべき対象だったのである。しかるに彼の弟子の一部は、やがてアブドゥフ思想の根幹を「真のイスラームは西洋近代文明と矛盾しない」というかたちにすりかえてしまい、西洋近代文明に合わせてイスラームの遺産を取捨選択していくようになる。アブドゥフは世俗化に抵抗しようとして、無意識のうちに世俗化への道を開いてしまったのではないか、といわれるゆえんである。実際、二十世紀後半にはムスリム自身のなかから、彼を「世俗主義者」として非難する声も聞かれはじめた。イジュティハードをおこなわなければ時代に取り残され、実践したとたんに百家争鳴をまねいて収拾不能に陥る。ここにスンナ派近現代思想の悲劇があったといえよう。

女性の地位とヴェールをめぐる攻防

ところでアブドゥフはまた、夫による一方的離婚▲や一夫多妻▲をいましめる『コーラン』の章句に光をあて、女性の地位向上こそ真のイスラームであると

▼夫による一方的離婚　イスラーム法上、離婚を宣言する権利は原則として夫にのみ与えられている。夫が離婚を宣言するだけで離婚が成立し、二度目の宣言までは復縁できるが、三度目は復縁もできない。もっとも、『コーラン』は安易な離婚をいましめてもいる。『コーラン』六五章一節を参照。

▼一夫多妻　『コーラン』は妻を平等にあつかうことを条件に、ムスリム男子に四人まで妻をめとることを認めているが、一方で妻を平等にあつかうことの困難を指摘してもいる。『コーラン』四章一二九節を参照。後者の指摘を重視して、『コーラン』の真の意図は一夫一婦制にあると考え、一夫多妻を禁じているのが今日のチュニジアである。

いう新たな主張を展開したことでも知られている。さらに、ムスリムが女性にたいする教育を怠ってきたことや、女性が本来所持する権利を隠蔽してきた歴史も、反イスラーム的行為として厳しく糾弾された。加えて、例えばエジプトの場合、女性教育はイギリスによる占領状態を終わらせ、独立を達成する要件として一部のナショナリストから高く評価される。女性はつぎの世代を育成するために重要な存在と考えられたのである。この議論はあくまでも女性が家庭教育にはたす役割を評価したものにすぎなかったが、それでも女性が教育を受ける権利を社会に認知させるうえでは大きな役割をはたした。

思想界をみるかぎり、いまや女性を抑圧する伝統的なイスラーム思想は岐路に立ち、新たなイスラーム解釈の軍門にくだるかにみえた。しかし事態はそう簡単には進まない。原因はなによりも当時の社会構造にあった。ムスリム社会が強固な家父長制を維持しているかぎり、この社会の支配者たる男たちが伝統イスラームの女性抑圧を拒否する理由はなにもない。女性の地位向上を訴えた思想改革者たちの営みは、一般大衆の支持をほとんどえられなかった。それは現実社会よりはるかに先を行く思想だったのである。もっとも、社会構造に由来するこの種の限界は、家父長制の崩壊とともにやがては解消される可能性もある。これにたいし、近代において伝統的なイスラーム思想がこうむったもうひとつの批判は、ムスリム女性の自由獲得に、より永続的かつ決定的な障害を残すことになった。すなわち、ヨーロッパによる攻撃である。

　イスラームを本来的に女性抑圧的とみる「偏見」は、近代以前からヨーロッパにおいて常識の一部を構成した。そして十九世紀以降、ヨーロッパ植民地体制はこの「偏見」をムスリム支配正当化の根拠として最大限に利用したのである。植民地体制は一夫多妻や男性による一方的離婚権、わけてもムスリム女性のヴェールに注目し、これぞイスラーム文明の後進性を示すもの、と激しい非難をあびせかけた。西洋は「遅れた」ムスリム社会に進歩をもたらす「解放者」とされ、この「正義」のもとに植民地支配が正当化されたのである。こうした議論を展開した植民地体制の当の本国が、当時なお著しい女性差別構造のなかにあったことを思えば、この議論の欺瞞《ぎまん》性は明らかであろう。けれどもそんなことにはおかまいなく、植民地体制は西洋近代文明の絶対的優越を説きつづける。一方でそれは、本質的な「後進性」を内包するイスラームと訣別しないかぎり、ムスリム社会に進歩はないとまで主張した。ここではっきりと、ムスリムをやめることが要求されたのである。のちのフェミニズム運動にとって悲劇だったのは、イスラームそのものを否定するこの種の言説が、女性の地位にかかわる問題を主たる論拠として取り上げていたことであった。

　イスラームを捨てて西洋文化を採用すべしと説かれたナショナリスト、とりわけ下層階級の男たちは激怒した。植民地支配によって打撃を受けた伝統的プチブル層や中流下層以下のムスリムにとって、植民者の文化は唾棄すべき対象にほかならず、それを採用することなど思いもよらなかったからである。アブドゥフの弟子カースィム・アミーン▲が一八九九年に刊行した小著『女性の解放』が、とくに目新しいことを主張していなかったにもかかわらず広範な論争を巻き起こした原因も、同書がヴェール着用と女性隔離の廃止を提案したためだったといわれている。アミーンは「女性の地位向上こそ真のイスラーム」とするアブドゥフの思想を堅持し、イスラームの価値こそ否定しなかったものの、ヴェールの着用や女性隔離をムスリムの後進性と結びつけて論じる彼の姿勢そのものが植民地体制の言説を彷彿とさせ、多くのムスリムを憤慨させた。

▼**カースィム・アミーン**（一八六三〜一九〇八）　エジプトの法律家、思想家。トルコ系支配層の出身。自著『女性の解放』への批判にこたえるべく、一九〇〇年に出版した『新しい女性』ではいっそう西洋近代文明を称揚した。

これ以後、女性「解放」という話題は帝国主義による陰謀を疑う深い猜疑心から自由ではなくなる。ヨーロッパは「近代」という錦の御旗を掲げて女性を西洋化し、それをつうじてムスリムの社会と文化を破壊するつもりではあるまいか。家族の基本たる女性を「堕落」させ、家庭を崩壊に追い込めば、ムスリムは自己のアイデンティティを失い、抵抗も弱まって外国支配を受け入れる。このように考えたとき、ムスリムのなすべきことは自明であった。ムスリム女性は西洋とは異なるイスラーム固有の価値観に従って生きなくてはならない。西洋化と同義の「解放」など断固拒否されるべきである。かくて女性問題は、女性の人権という論点と出会う前に、「西洋近代文明対イスラーム」という価値対立の枠組みにとらわれることになってしまったのであった。

ここに誕生をみた思想的な枠組み、女性のあり方をイスラーム的価値の象徴と考える言説は、その後一〇〇年をへていよいよ強力に現代イスラーム思想を貫いている。すなわち女性の問題にかぎっていえば、現代イスラーム運動とはこの思想的枠組みに立って、女性の西洋化(「堕落」)を拒否する運動にほかならない。それはかつてヨーロッパが激しく攻撃した伝統イスラーム思想の構成要素、一夫多妻や男性による一方的離婚権を擁護する一方、女性にヴェールをかぶせ、あるいは公共の場を男女別々とすることで、社会の道徳的頽廃を防ごうとしている。彼らにとって女性と家族はイスラームの本質にかかわる問題である。背後にある思想が欧米の陰謀にたいする警戒であることも、一〇〇年前と変わらない。

十二イマーム派思想の十九世紀

ところで十二イマーム派では十九世紀前半、カージャール朝▲下の苛酷な農村支配とヨーロッパ製品の進出を背景に、マフディーによる世直し待望論が高まった。中央権力の弱体化にともなって出現した寄生地主による恣意的な地代徴収のために農民は困窮し、一八二〇年代以降、安価な外国産機械織り布がイラン産の手織り布を駆逐した結果、都市の職工も職を失ったのである。転落した人びとがマフディーを待ち望むなか、最初にあらわれたのはアフマド・アル＝アフサーイー▲の創設したシャイヒー派▲であった。彼らは、特別な仲介である「完全なシーア」をとおして人間は隠れイマームに近づきうると主張した。

▼カージャール朝（一七九六〜一九二五年）　イランのトルコ系十二イマーム派王朝。建国後半世紀のあいだにロシア、イギリスとの戦争に敗れ、王朝権力が弱体化。国政改革の試みも挫折を続けて、最終的には議会により廃絶された。

▼アフマド・アル＝アフサーイー（一七五三〜一八二六）　アラビア半島東部アフサー地方出身の十二イマーム派ムジュタヒド。一八〇六年以降イランに移った。イラクで活動し、夢のなかでイマームたちに直接会った体験をもとにシャイヒー派の思想を構築した。

▼シャイヒー派　先例や法学の知識を重視するウスーリー派・アフバーリー派にたいし、聖典の解釈にあたってイマームの夢などの霊的直感を重視する十二イマーム派の一派。一八二二年に異端として告発された。

この思想の延長線上で、一八四四年に「バーブ」(隠れイマームと交信できる代理人)を自称し、イマーム再臨が近いことを予言したのがシーラーズの青年商人セイエド・アリー・モハンマド▲である。彼の教えはまたたくまにイラン全土に広まり、バーブ教団が成立した。しかし、この教団はまもなく宗教的・社会的に危険な存在とみなされて、厳しい迫害にさらされる。一八四八年の逮捕をきっかけに、バーブが自らを隠れイマームの再臨そのものと考えはじめ、さらにイマームをもこえた神の顕現(預言者)と主張するにいたって、教団と十二イマーム派の対立は決定的となった。人類の進歩とともに神の顕現も完成に近づくとするバーブ教の教えは、ムハンマドを最後の預言者と信じる多くのムスリムにとって異端でしかなかったからである。

一八四九年、教団幹部は投獄中のバーブを欠いたまま大会を開催。シャリーアからの離脱と新時代の法を宣言する一方、カージャール朝の税や賦役を拒否して武装蜂起する。この反乱は各地に拡大したものの、逆にバーブ教徒の大虐殺を呼び、バーブ自身も一八五〇年にタブリーズで処刑された。バーブの死後教団は分裂したが、信徒の大多数は一八六八年に新たな預言者であることを宣

▼セイエド・アリー・モハンマド(一八二〇〜五〇)　自らを隠れイマームの再臨と考えるようになってからは、『コーラン』にかわる聖典『バヤーン』を著し、新たなキブラ(礼拝の方角)や暦をも制定した。

▼バハーオッラー(一八一七〜九二)　本名ミールザー・ホセイン・アリー・ヌーリー。カージャール朝高官の家系に生まれ、一八四四年ころバーブ教に入信。のちにバハーイー教を興し、『コーラン』や『バヤーン』にかわる新たな聖典『至聖の書』を著した。オスマン朝領に追放され、パレスチナで没した。

▼バハーイー教　イスラーム、キリスト教、ゾロアスター教など、すべての先行宗教を統合するものとして、人類の平和と統一、科学と宗教の調和を説く新宗教。男女平等、一夫一婦、あらゆる偏見の除去なども訴えているが、ムスリム諸国の大半で異端扱いされている。本部はイスラエルのハイファーにある。

言したバハーオッラー▲に従い、バハーイー教▲に移行する。こうして十二イマーム派における「マフディー運動▲」は終結をみたが、マフディー再臨のレトリック▲は、例えば一九七九年のイラン・イスラーム革命にいたる過程でも、革命勢力によって効果的に用いられた。

　一方、一八七〇年代以降カージャール朝の財政が窮乏し、英露両国資本への利権譲渡が本格化すると、イランでは部族的・地方分権的なカージャール朝体制を変革する必要が強く意識されはじめる。海外に住むイラン人を中心に立憲制の導入も画策された。けれどもウラマーの多くは、立法は神だけに許される行為であり、『コーラン』が基本法として存在する以上、憲法は不要との立場から、憲法と議会の導入に疑念を呈することになる。

　しかるに、一九〇五年から始まった第一次立憲革命▲の結果、翌年、議会と憲法がそれぞれ開設・制定されると、バーザール商人▲とともに革命を主導したウラマーたちは、立憲制とイスラームの関係の抜本的な検討をよぎなくされた。それは、すでにイジュティハードの実践が認められていたがゆえに、個別具体的な課題をめぐってイスラーム法上の可・不可を論じることのできる十二イマ

▼マフディー運動　マフディー信仰はスンナ派にもみられ(この場合、隠れイマームではなく、たんに「救世主」の意)、しばしば民衆の抵抗運動を牽引してきた。そのなかでもっとも成功した例が、ムハンマド・アフマドの率いたスーダンのマフディー運動(一八八一〜九八年)である。

▼マフディー再臨のレトリック　イラク、のちにはパリに亡命していたホメイニーの不在とイランへの帰還が、隠れイマームの不在と帰還のイメージに巧妙にかさねあわされた。

▼第一次立憲革命　日露戦争の影響でロシアからの砂糖供給が減少し、イラン国内で品薄となった責任を転嫁されたバーザール商人がウラマーの協力をあおいで展開した抗議行動。全国に波及する過程で、たんなる専制批判から立憲制の確立および議会の開設へと要求が収斂していった。

▼バーザール商人　イランの場合、バーザール商人の子が商人でなければウラマーになることも多く、婚姻も含め、両者が親戚関係にあることが少なくなかった。

ーム派ウラマーの特権でもあった。スンナ派の場合、タクリードの呪縛とウラマー自身の政治力低下があいまって、立憲制のイスラーム的是非などまともに議論されることもないまま、政府による強権的導入が進められたのである。

この時点で立憲制をめぐる十二イマーム派ウラマーの思想は二つに分かれた。議会で成立した法がシャリーアに合致するかどうかを最終的に審査する機関を設ければ議会制は可とするタバータバーイー▲やベフバハーニー▲らの立場と、立法はムジュタヒドの資格のある高位のウラマーの専権事項であり、議会はシャリーアとは別の法体系を生むために不可とするファズロッラー・ヌーリー▲らの立場である。一九〇七年に発布された憲法第二条はむろん前者の立場をとり、「五人以上から成る宗教情操豊かで時代の要請につうじた宗教指導者団を制定することを定める……議会に提出された法案は彼らによって審議され、イスラームの神聖な原則に違反する法案が法律とならないように彼らが廃棄する権限を認める」としていたが、両者の意見対立は容易に解消されぬまま、一九〇八年のカージャール朝による反革命クーデタをむかえることになる。

この混乱のなかで立憲制にかんする十二イマーム派思想界のゆくえを決定し

▼タバータバーイー（一八四一〜一九二〇）　テヘランのウラマーの家系に生まれた十二イマーム派ムジュタヒド。アル＝アフガーニーの思想やロシアへの旅行などをつうじて西洋近代思想にふれ、専制の打破と立憲制の確立をめざした。

▼ベフバハーニー（一八四〇〜一九一〇）　ナジャフのウラマーの家系に生まれ、テヘランで活動した十二イマーム派のムジュタヒド。立憲革命を指導したが、その動機は個人的野心とヌーリーへの対抗心だったともいわれ、最後は急進派によって暗殺された。

▼ファズロッラー・ヌーリー（一八四三〜一九〇九）　テヘラン生まれの十二イマーム派ムジュタヒド。第一次立憲革命における憲法制定過程では、議会提出法案の是非をウラマーが審査することを定めた憲法第二条導入の立役者となったが、一九〇七年以降立憲派を攻撃。反革命クーデタ後は立憲制・議会制に反対の立場を明確にし、立憲制回復後、絞首刑となった。

たのは、イラクの聖地に暮していたイラン人ウラマー、モハンマド・ホセイン・ナーイーニー▲であった。彼は、不可謬のイマームが不在の時代には国民を自分の所有物としか考えない支配者による専制政治がふつうであり、イスラームが専制を拒否する以上、立憲制と議会による権力の制限は合法であると主張した。また、ムスリムは協議の伝統にのっとってもともとだれでも国事に参与する権利があり、ウラマーが法案とシャリーアの適合・不適合を審査すれば、議会制とイスラームはなんら矛盾しないとも説いた。ヌーリーらの立場をイスラームに反する専制政治の共犯者として厳しく糾弾した彼の論考は、イラン立憲派の支えとなる一方、多くのウラマーの支持を獲得する。そしてここに、今日のイラン・イスラーム共和国にも受け継がれている、ウラマーによる法案審査体制に依拠した十二イマーム派の立憲・議会思想が確立されたのである。

▼モハンマド・ホセイン・ナーイーニー（一八六〇〜一九三六）　イランのナーイン出身のムジュタヒド。十二イマーム派ウラマーの家系に生まれ、後半生をイラクのシーア派聖地で過ごした。一九〇九年に刊行した『共同体への訓戒とその改善』で立憲制を擁護したものの、晩年は政治と距離をおき、自著をチグリス川に捨てるよう読者に求めた。一九二五年のカージャール朝廃止にともなうパフレヴィー朝の新設も支持。

④—激動と混迷の二十世紀

カリフ制の危機と新たな政治論

第一次世界大戦にオスマン帝国が敗れると、アナトリアは戦勝国の占領下におかれ、分割の危機に直面した。これにたいし、ムスタファ・ケマル▲（のちのアタテュルク）は一九二〇年、アンカラに「トルコ大国民議会」政府を樹立。戦勝国側にまわったオスマン朝カリフ政府にたいして公然たる武力反乱を開始する。やがて祖国解放運動に勝利したアンカラ政府は一九二二年、オスマン朝スルタン＝カリフ制▲をスルタン制とカリフ制に分離し、スルタン制を廃止した（オスマン朝の滅亡）。いわゆる「精神的カリフ制」の成立である。

カリフ制のこうした危機への反応は、まずインドでヒラーファト運動▲となってあらわれた。だが、思想史的により重要なのは『アル＝マナール』誌の主筆であったラシード・リダーが展開した議論である。彼は師アブドゥフの死後も、自らの立場を「サラフィーヤ▲」と呼んで、『コーラン』とスンナへの回帰とイジュティハードの実践を唱えつづけていたが、その主張は、『コーラン』とス

▼ムスタファ・ケマル（一八八一〜一九三八）　トルコ共和国初代大統領（在任一九二三〜三八）。ギリシアのサロニカに生まれ、職業軍人として活躍した。大統領となってからは、トルコ帽やヴェールの禁止、姓名の義務化、文字改革といった西洋化政策を強力に推進した。

▼スルタン＝カリフ制　一五一七年のエジプト征服時に、マムルーク朝庇護下のアッバース朝カリフからオスマン朝スルタンがカリフ位を禅譲され、以来オスマン朝スルタンはカリフをかねてきたとする主張。オスマン朝がつくりだした伝説といわれる。

ンナに明文があるときはイジュティハードを禁止するというアブドゥフの原則を堅持していた点で、まさにアブドゥフの正統な後継者と呼ぶにふさわしいものであった。実際リダーは、西洋近代文明は取捨選択して導入すべきものという師の遺志に従い、近代日本の「独立した改革」を賞賛してもいる。

さて、『アル＝マナール』に連載された論考において、リダーはまずカリフ制がシャリーアによる宗教的義務であることを強調する。カリフはウンマにただ一人の存在で、「解き結ぶ者」▲（ウンマの指導者層）によって選任されなくてはならない。また、カリフは聖典に明文規定のないすべての事項について「解き結ぶ者」と協議（シューラー）する義務がある。シューラーは、ウンマの公共の福利を確保するためにシャリーアが定めた原則であるにもかかわらず、ウマイヤ朝以降無視されてきたために、ウンマの危機を招来した主因とされた。

このように協議を重視するリダーが改革の目標としたのは、「解き結ぶ者」の再編成であった。彼らこそウンマの主権の代行者であり、ウンマ復興の主体と考えられたのである。そしてリダーの考えるところ、今日「解き結ぶ者」となりうる存在は、自らが唱導する「イスラーム改革派」以外にはありえなかっ

▼ヒラーファト運動（一九一九～二四年）　第一次世界大戦後オスマン朝カリフ制が危機に瀕するなかで、その擁護を訴えたインドの反英運動。ヒンドゥーとムスリムの協力強化をめざすガンディーが協力するなど、運動は大きなもりあがりを見せたが、一九二四年のカリフ制廃止により終息。

▼サラフィーヤ　リダーらによる自称のほか、「逸脱」を廃して初期イスラームの原則や精神の回復をめざすムスリムの立場一般を指すこともある。サラフは「父祖」を意味するアラビア語で、ふつう預言者ムハンマドの同世代から三世代を指す。

▼解き結ぶ者　イスラーム政治思想史では伝統的に、『コーラン』四章五九節の「権能をもつ人びと」にあたるものとされてきた。

た。伝統法学の墨守者にもヨーロッパの模倣者にも自己変革を期待できない以上、両者の中間に位置するこの集団こそ、ウンマの指導者層の根幹を形成しなくてはならない。イジュティハードのために必要な知識ひとつとってみても、現代ではシャリーアの知識のみならず、国際法、諸国間の条約、諸国の政治動向、国力などにかんする知識が不可欠であり、この条件を満たしうるのは「真のイスラーム」と西洋近代文明の双方につうじた「改革派」のみである。

以上のようなリダーの議論は、ウンマ復興に不可欠と考えられたシャリーアの再解釈と、統一の象徴たる唯一無二のカリフの再生という二つの課題を結合させたものとみることができる。それは、国家がイスラームに基盤をおくこと自体の是非が問われるようになった時代における、またその時代にたいする、ひとつの明確な解答であった。そしてそれゆえにこの新たな政治論は、カリフ制再興をめざす、のちの大衆イスラーム運動の出発点となるのである。

とはいえ、リダーらの議論によってカリフ制の危機が解消されたわけではない。カリフ擁護論の高まりは皮肉なことに、もともと西欧的な「世俗主義」国民国家を志向していたケマルをかえって刺激し、カリフ制そのものの廃止を決意させてしまった。一九二四年三月、「トルコ大国民議会」はカリフ制の廃止を可決。声明では、カリフ制は本来啓示とは無縁のたんなる便宜的制度であったとされ、すでにカリフ制が使命を終えた以上、政治体制の選択はムスリムの自由であるとの宣言がなされた。ここにトルコ共和国は政教分離への不退転の決意を示し、同時にシャリーアの廃止▲にまで突き進む。ただしそれはイスラームの否定ではなく、政教分離こそ「真のイスラーム」と考える独自解釈の表明というかたちをとった。むろん国民の反発を考慮してのことである。ここに、今日ですら、なんぴともイスラームの価値を公的には否定することができない「イスラーム世界」の特質を見出すことができよう。

　もっとも、政教分離こそ「真のイスラーム」であるとするトルコ流の解釈は他の地域ではさしたる議論もへぬまま事実上否定されてしまった。きっかけはアブドゥフの弟子の一人で、下エジプト・マンスーラのシャリーア法廷判事を務めていたアリー・アブドッ＝ラーズィク▲をおそった一九二五年の筆禍事件である。アブドッ＝ラーズィクは同年出版された自著『イスラームと統治の諸原則』のなかで、カリフ制はシャリーアの命じた制度ではないと主張し、それを

▼シャリーアの廃止　カリフ制廃止の決議とともに採択され、翌四月にはシャリーア法廷が廃止された。一九二八年にはイスラーム国教条項も憲法から削除される。

▼アリー・アブドッ＝ラーズィク（一八八八〜一九六六）　アズハル総長を務めたムスタファー・アブドッ＝ラーズィクの弟で、アズハルで学びオクスフォード大学に留学。第一次世界大戦の勃発にともなってエジプトに帰国し、シャリーア法廷判事を務めていた。一九四七年、兄の死をきっかけに名誉回復。翌年から二年間ワクフ相を務めた。

▼**自由主義**　多様な意味をもつ用語であるが、ここでは、他人に迷惑さえかけなければなにをしても自由という思想を指す。

証明するために、預言者ムハンマドの時代の政治状況を分析した。その結果、ムハンマドは真理を人びとに伝えるという預言者の機能しかもたず、シャリーアを人びとに課す使命はもっていなかったと断定したのである。よって、シャリーアを国家の法とするか否かはムスリムの自由となる。

この主張は伝統派のウラマーを激怒させた。アブドッ＝ラーズィクによる預言者の機能分析が政教分離を正当化しうるものだったからである。実際これ以後、政教分離を主張する思想家たちは例外なく、預言者ムハンマドの生涯分析に取り組むことになる。憤慨したエジプトのウラマーはアブドッ＝ラーズィクを裁判にかけ、その裁判官資格を剝奪した。かくて政教分離は思想としてはほぼ否定されたが、現実の国家の法はトルコにあってもエジプトにあってもいよいよ西洋法となっていくのであった。カリフ制とシャリーアの復興をめざして、組織化された大衆が動きはじめるのは、この事件からまもなくのことである。

大衆イスラーム運動の思想

アブドゥフやリダーの改革思想は、一九二九年にエジプトで結成されたムスリム同胞団の手で大衆組織・運動化された。初代団長となったハサン・アル＝バンナーのことばを借りれば、同胞団誕生のきっかけは第一次世界大戦後のエジプトをおそった世俗化および自由主義▲の傾向と、ケマリストに代表されるイスラームへの「攻撃」にたいする強烈な危機感だったという。

　この運動の目標は『コーラン』を憲法とする「イスラーム国家」の実現にあり、まず個人の内面、ついで家庭、社会と段階的に「イスラーム化」を進めることにより、必然的に「イスラーム国家」が誕生すると考えられた。このため同胞団は、現代生活におけるイスラームの貫徹をめざし、社会のあらゆる分野に意欲的に進出していく。そこでは憲法、ラジオ、労働組合、スポーツクラブといった西洋近代の所産が肯定されたうえで、その「イスラーム化」がはかられた。

　一方、二十世紀における社会主義の高揚は、思想家たちにこの新たな西洋近代思想の吸収、あるいはイスラームとの関係解明をも促すことになる。ムスリム同胞団のムハンマド・アル＝ガザーリー▲やムスタファー・アッ＝スィバーイー▲は、この挑戦を真っ向から受け止め、社会正義と喜捨（ザカート▲）の理念にも

▼ムハンマド・アル＝ガザーリー（一九一七〜九六）　アズハル出身のウラマー。同胞団の思想家としては『われわれはここから学ぶ』を著し、俗人政治を志向したハーリド・ムハンマド・ハーリドの『われわれはここから始める』に対抗した。一九五三年以降は同胞団政治局を離れた。

▼ムスタファー・アッ＝スィバーイー（一九一五〜六四）　シリア・ムスリム同胞団の創設者。主著に『イスラームの社会主義』がある。

▼ザカート　イスラームの定める五つの義務（五行）の第三。個々のムスリムが一定量をこえる特定の財産を一年にわたって所有した場合、その一部を供出する義務を指す。供出物は貧者などに分配される。

▼パキスタン　史上はじめてムスリムが意図的に集まって一九四七年に建国した、ほかに例をみない「ムスリム国家」。ただし、その形態をめぐってはジャマーアテ・イスラーミーに代表される「イスラーム国家」志向と、建国の担い手の多くがめざした事実上の政教分離(世俗的国民国家)志向が競合した。

▼ジャマーアテ・イスラーミー　一九四一年、全世界のムスリムの一体性を強調する組織としてラホールで創設。

▼アブー・アル＝アーラー・マウドゥーディー(一九〇三〜七九)　インドのアウランガバード生まれ。一貫して「イスラーム国家」の建設を説き、パキスタンの分離独立後はイスラーム的憲法の制定を求めた。

とづいて、階級間の不平等を否定し機会の均等を保証する「イスラーム社会主義」を唱えた。これを国是とする「イスラーム国家」はシャリーアを施行し、喜捨の徴収と分配をおこなうほか、自給自足経済を確立して完全雇用を実現しなくてはならない。ここにも、西洋近代文明の所産をただ拒否するのではなく、その「イスラーム化」をはかる同胞団の特性をみることができる。

　ところで、ムスリム同胞団と同様の傾向と機能をもつ団体は、同胞団成立以来ムスリムが居住するさまざまな地域で誕生したが、パキスタン▲のジャマーアテ・イスラーミー▲はその広汎な影響力においてとくに注目される。一九四一年にこの団体を創設したアブー・アル＝アーラー・マウドゥーディー▲の政治思想はまた、現在までの大衆イスラーム運動のなかでもっとも包括的な議論でもある。彼は、多数は真理の基準ではないとして、西欧から輸入された「民主主義」に反対した。「イスラーム国家」はムスリム男女の意志にもとづくものであり、シャリーアを施行する元首と、元首を補佐するシューラー(評議会)は国民の選挙によって選ばれなくてはならない。しかし、元首にもシューラーにもシャリーアの解釈以上の権限はない。「イスラーム国家」の真の主権者は神以外ありえないからである。この信条にもとづき、マウドゥーディーは人間を主権者とみる民族主義、資本主義、社会主義などの西洋思想すべてを「ジャーヒリーヤ」(預言者ムハンマド以前の多神教時代)と呼んで否定した。

　このようなマウドゥーディーの議論はやがて、一九五二年革命による世俗的国民国家の成立がもたらしたイスラームの完全な失墜状態への対応を迫られていたエジプト・ムスリム同胞団の一思想家に多大な影響を与えることになる。一九六六年、ナーセル政権によって処刑されたサイイド・クトゥブである。クトゥブはマウドゥーディーが提起した「ジャーヒリーヤ」の概念を、自身の属するエジプト社会にたいしても適用した。彼の認識では、イスラームはつねに破壊の陰謀にさらされてきた理論体系であり、陰謀の結果、現在では地上から消滅してしまった。それゆえ現状は、神以外の者に主権を認めていたジャーヒリーヤ時代となんら変わらない。

　こうした状況にあって緊急の課題は、まずタウヒード(神の唯一性)の信仰を復興し、精神と物質の両面を完全にイスラームに捧げる「前衛」を産み出すことである。「前衛」は政治権力の獲得を究極目標とし、「ジャーヒリーヤ」社会

▼一九五二年革命　青年将校の秘密結社「自由将校団」によるクーデタ。エジプト革命ともいう。

▼ナーセル(一九一八〜七〇)　エジプト共和国第二代大統領(在任一九五六〜七〇)。一九五六年以降同胞団を厳しく弾圧した。

▼サイイド・クトゥブ(一九〇六〜六六)　アスユート近郊の生まれ。一九五三年ムスリム同胞団に入団。獄中でムスリム政治の現状を厳しく批判した『道標』などを著した。左の写真は獄中のもの。

▼前衛　クトゥブはアラビア語で「階級闘争におけるもっとも先進的な部隊」を意味するタリーアの語をそのまま用いている。

にたいする宣戦布告をおこなう。また、権力者がシャリーアを無視した場合には武装して戦い、権力者を倒すことが彼らの責務とされた。この「前衛」という用語ひとつとってみても、クトゥブの思想がマルクス主義に多くを負っていることは明らかであろう。一九七〇年代半ば以降、各地で一気に顕在化した反政府武装闘争集団の多くは、クトゥブの呼びかけに応じ、イスラームの「前衛」を自認した。さらにそこでは、シャリーアにかえて他の法を定める権力者を「背教者」（異教徒の侵略者）と断定することで、権力者の暗殺や反政府武装闘争を正当化するいわゆる「革命のジハード▲」論が精緻な発展をみている。

一九七〇年代以降の展開

一九六七年の第三次中東戦争▲におけるアラブの敗北と、それにともなう聖地イェルサレム▲の喪失は、全世界のムスリムに十九世紀以来追求されてきた事実上の政教分離にたいする深刻な反省を促した。メディアにはイスラーム的な生活を取り戻そうという声が充満し、イスラームを政治原理として見直そうとする空気すら生まれてくる。こうした雰囲気のなかでは、各国政権もイスラーム

▼革命のジハード　主要な理論家に、サーダート大統領暗殺事件に連座して処刑されたエジプト・ジハード団のアブドッ＝サラーム・ファラジュ、ニューヨーク世界貿易センタービル爆破事件の黒幕としてアメリカで終身刑を受けているイスラーム集団のウマル・アブドッ＝ラフマーンらがいる。

▼第三次中東戦争　イスラエル軍はわずか六日間でエジプト、シリア、ヨルダンを中心とするアラブ諸国軍を撃破。シナイ半島、ゴラン高原、イェルサレムを含むヨルダン川西岸とガザ地区を占領した。

▼聖地イェルサレム　イスラームではメッカ、メディーナにつぐ第三の聖地。六二四年に礼拝の方向をメッカに変えるまで、ムスリムはイェルサレムに向かって礼拝していた。また、イェルサレムは六一九年に預言者ムハンマドが天馬に乗って「夜の旅」をおこない、「昇天」した場所とも考えられている。『コーラン』一七章を参照。

に支配の正統性を求めざるをえない。シャリーアを正しく施行する「イスラーム国家」の建設をめざすイスラーム運動の興隆はもはや時間の問題であった。

加えて、一九七三年のオイル・ショック▲にさいし、久方ぶりに世界経済を動かした結果、ムスリムは長く失っていた自信を回復していく。この結果、イスラーム思想界の大勢を占めていた、西洋近代文明の思想や価値観とイスラームが矛盾しないことを「論証」するだけで精一杯だった護教的な思想家たちも、近代文明を批判しイスラームの優越性・独自性を強調する文化ナショナリズム的な傾向を強めていくことになった。またそこでは、「真のイスラーム」を追求する努力がなし崩し的な政教分離の正当化に利用されてきた近代史にたいする反省から、かつてはイジュティハードの実践を要求していたムスリム同胞団がむしろムジュタヒド資格の厳格化を求めるといった逆転現象もみられた。

一方、十二イマーム派のイランでも「イスラームの革命性を思い起こして決起せよ」「イスラームこそ第三の道である」と説くアリー・シャリーアティー▲の新たなイスラーム解釈がソ連に幻滅した左翼系の高学歴青年層を惹きつけ、反国王運動へと駆り立てていく。こうした動きはやがて革命へと発展し、公正

▼**オイル・ショック**　第四次中東戦争にさいして、アラブ産油国はアメリカなどのイスラエル支持に反対する立場から、原油の減産や値上げをおこなった。この結果、世界経済は大混乱に陥った。

▼**アリー・シャリーアティー**（一九三三〜七七）　イラン東部の寒村に生まれ、パリに留学して社会学などを学ぶと同時に、フランツ・ファノンの影響を受けた。イランに帰国してからは独自のイスラーム的階級闘争史観や弁証法を駆使して人びとに決起を呼びかけたが、政府の弾圧を受けイギリスに移住。渡英直後に謎の死をとげた。俗に「革命の教師」と呼ばれる。

な法学者が政府を指導監督すべきであるとするホメイニー▲の「法学者の統治▲」論にもとづくイラン・イスラーム共和国を成立させた。

　同様にスンナ派にあっても、一九七〇年代以降イスラーム運動の主役となったのは、欧米流の教育を受けた高学歴青年層であった。そこでは科学技術の価値がかなり広範に認められる一方、イスラームの価値観と有機的につながることなく導入されてきた人文・社会科学の価値、また婚姻や女性の地位といった問題に象徴される社会制度の価値が厳しく批判された。彼らは欧米のフェミニズムによる「性の商品化」批判を取り入れるかたちで、欧米流の女性解放がかかえる問題を指摘し、むしろイスラームこそ、女性を能力と人格によってのみ評価する「真の女性解放者」なのだとさえ主張する。こうした態度はまた、クトゥブ以降イスラーム運動のなかで一般化した、西欧化と同義の「近代化」こそウンマを危機におとしいれたと考える新たな歴史認識の反映でもあった。

　一方、欧米に移住したムスリムを中心に、知識人のなかからは普遍的「近代性」と西欧史に限定された擬似「近代性」を区別する動きも生じてきた。むろんこれは、近代西洋に存在しないものこそ「イスラーム的」と考えがちな現代

▼ホメイニー（一九〇二～八九）　イラン・イスラーム革命を指導した十二イマーム派のマルジャエ・タクリード。イスラーム共和国初代最高指導者（在任一九七九～八九）。イラン・ホメインのウラマーの家系に生まれ、一九六三年以降反国王・反専制の旗色を鮮明にしたため、六四年から七九年の革命成就まで事実上の亡命生活をよぎなくされた。

▼法学者の統治　十二イマーム派法学におけるウスーリー派の勝利の結果、十九世紀以降、隠れイマームの政治的指導権は世俗王権、宗教的指導権はウラマーが代行するという思想が広く普及していたが、ホメイニーの理論はこれをさらに推し進め、政治的指導権もウラマーが代行すべきことを唱えたものといえる。

●——**初期ムスリム同胞団の礼拝風景**　背広とネクタイの着用が西洋近代文明の所産を否定しない彼らの立場を象徴している。

●——**イラン革命**（一九七九年）　二十世紀後半の中東諸国における「革命」の大半が軍事クーデタでしかなかったのとは対照的に、イラン革命は民衆によるデモとストライキの連鎖によって成就したため、周辺諸国にも大きな衝撃を与えた。

イスラーム運動、またそれを映す鏡のように、イスラームと西洋近代文明の価値観対立を説く欧米発の「文明の衝突」論にたいする厳しい批判でもある。だが、ムハンマド・アルクーン▲やファズルッ＝ラフマーン▲に代表されるこうした思想家たちは同時に、これまでのイスラーム解釈そのものをも現実の歴史に限定され歪曲されてきたものとみて、「脱構築」をはかろうとした。

例えばファズルッ＝ラフマーンは、シャリーアの法源であるスンナもイジュマーもすべては歴史のなかで歪曲されてきたという。そうである以上、ムスリムにとって従うべきものは『コーラン』しかない。しかし『コーラン』は本質的に道徳の書であって、法の詳細を定めてはいないのである。となれば、神の命令の解釈であるべき「立法」に必要なのは、『コーラン』に示された世界観の把握だけということになるだろう。そしてそれを把握したとき、ムスリムはそこに普遍的な「近代性」の輝きを見出し、同時に正確な意味で「シャリーア」に従う国家と社会を築くことができるに違いない。このようにしてファズルッ＝ラフマーンはイスラームのなかの「近代性」に着目し、「近代化」そのものの意味を問い直すことで、シャリーア遵守の呼びかけ一色となった二十世

▼**ムハンマド・アルクーン**（一九二八〜二〇一〇）　アルジェリア出身のベルベル人で、パリに学び、ソルボンヌ大学アラブ・イスラーム研究所所長などを務めた。主著『コーラン読解』や『イスラーム的理性批判のために』などで、ハディースや『コーラン』注釈など、人間の書いたテクストは時代や状況に限定されたものにほかならず、絶対的な普遍性をもつ『コーラン』とは厳格に区別しなければならないと説いている。

▼**ファズルッ＝ラフマーン**（一九一九〜八八）　イギリス領インドに生まれ、オクスフォード大学で学んだ。一九六二年にパキスタン国立イスラーム研究所所長に就任したものの、六七年に発表した研究書『イスラーム』のなかで伝統的なイスラーム解釈に疑問を呈したことから、保守派の厳しい非難を受け、翌年全国的な大衆デモのなかで辞任。以後はシカゴ大学教授を務めた。

紀後半に、「解釈の革新」の復興を試みたのであった。

もっとも、イスラーム思想界全体からみれば、こうした新たな思想潮流はいまだ少数派の域をでていない。その一因は、外部からの「攻撃」があまりにも激しすぎるために、人びとの関心がもっぱらジハードに向かってしまっている現実にもあるだろう。古典的なシャリーアの規定におけるジハードは、「イスラームの家▲（支配地）」を拡大するいわば「拡大ジハード」と、「イスラームの家」への侵略者を撃退する「防衛ジハード▲」とに大別される。しかし拡大ジハードは法理論上カリフの命令を必要とするため、カリフ制が廃止されて久しい今日の文脈ではまったく問題にならない。一方、防衛ジハードはカリフの在不在に関係なく、すべての成人ムスリム男子の義務とされる。武装した異教徒が「イスラームの家」にあらわれた場合、すべての成人男子は侵略者を撃退すべく、生命・財産・言論を捧げて抵抗しなくてはならない。

一九九〇年代前半における冷戦構造の崩壊は、イスラームを自由や民主主義の敵と決めつける、偏見に満ちた「文明の衝突」論を産み出し、欧米に住むムスリムへの差別・迫害を助長した。一方で旧社会主義圏を中心に国家体制の再

▼イスラームの家　アラビア語ではダール・アル゠イスラーム。ムスリムの主権が確立され、シャリーアが施行されている領域を指す。住民の大多数が異教徒であってもかまわない。

▼防衛ジハード　マウドゥーディーは、一九三〇年に刊行した『イスラームにおけるジハード』のなかで、人間が人間を支配するための西洋型の戦争を否定し、神が人間を支配する社会への侵略にたいする防衛ジハードを呼びかけている。

編が急速に進んだ結果、旧ソ連ムスリム諸国の一部は独立をはたす。だが、再編の過程で内戦に突入したボスニアなどでは、多くの無辜《むこ》のムスリムが虐殺された。加えて、ロシア領のチェチェンや中国領の新疆《しんきょう》ウイグル自治区でも、独立をめざすムスリムへの攻撃が続いている。「九・一一」後のアフガニスタンやイラク、パレスチナで「テロとの戦い」に巻き込まれて亡くなった市民の数はすでに一〇〇万をこえた。こうした情報は、グローバル化の波に乗って確実に世界各地のムスリムに伝わり、同胞の窮状への痛みと怒りを共有させる。彼らにとって二十世紀末から二十一世紀初頭という時代は、世界中で同胞が虐殺されつづけた時代にほかならない。それは人びとのムスリム同胞としての意識を強化し、パレスチナのハマース▲やレバノンのヒズブッラー▲にたいする有形無形の支援、さらには防衛ジハードに特化した義勇兵組織アル＝カーイダ▲までも産み出す直接・間接の契機となっているのである。

▼ハマース　正式名称はイスラーム抵抗運動。一九八七年にムスリム同胞団の闘争組織として公然化した。防衛ジハードを義務とみて、パレスチナ全土の奪還をめざしている。

▼ヒズブッラー　レバノンの十二イマーム派イスラーム運動・政党。一九八二年のイスラエル軍による南部レバノン占領をきっかけに誕生し、防衛ジハードを敢行してレバノンの大部分からイスラエル軍を撤退させた。

▼アル＝カーイダ　サウジアラビアの大富豪ウサーマ・ビン・ラーディンを中心に防衛ジハードを志す各地のムスリムが結集して、一九九〇年代に生まれた武装闘争組織。二〇〇一年のアフガニスタン戦争でほぼ壊滅したが、その後は彼らの防衛ジハード思想に共鳴する各地のムスリムが勝手にアル＝カーイダを名乗る「自称アル＝カーイダ」の時代が到来したといわれている。

参考文献

赤堀雅幸・東長靖・堀川徹編『イスラーム地域研究叢書7　イスラームの神秘主義と聖者信仰』東京大学出版会　二〇〇五年
板垣雄三・佐藤次高編『概説イスラーム史』（有斐閣選書）有斐閣　一九八六年
板垣雄三『歴史の現在と地域学』岩波書店　一九九二年
板垣雄三監修、山岸智子・飯塚正人編『イスラーム世界がよくわかるQ&A100――人々の暮らし・経済・社会』亜紀書房　一九九八年
大塚和夫『異文化としてのイスラーム――社会人類学的視点から』同文館出版　一九八九年
大塚和夫『イスラーム主義とは何か』（岩波新書）岩波書店　二〇〇四年
大塚和夫・小杉泰・小松久男・東長靖・羽田正・山内昌之編『岩波イスラーム辞典』岩波書店　二〇〇二年
加藤博『イスラーム世界の危機と変革』（世界史リブレット37）山川出版社　一九九七年
小杉泰『現代中東とイスラーム政治』昭和堂　一九九四年
小杉泰『イスラームとは何か――その宗教・社会・文化』（講談社現代新書）講談社　一九九四年
小杉泰編『イスラームに何がおきているか――現代世界とイスラーム復興』（増補版）平凡社　二〇〇一年
小杉泰『現代イスラーム世界論』名古屋大学出版会　二〇〇六年
小松久男・小杉泰編『イスラーム地域研究叢書2　現代イスラーム思想と政治運動』東京大学出版会　二〇〇三年

坂本勉・鈴木董編『新書イスラームの世界史3　イスラーム復興はなるか』（講談社現代新書）講談社　一九九三年

ズィーバー・ミール＝ホセイニー（山岸智子監訳）『イスラームとジェンダー――現代イランの宗教論争』明石書店　二〇〇四年

東長靖『イスラームのとらえ方』（世界史リブレット15）山川出版社　一九九六年

富田健次『アーヤトッラーたちのイラン』第三書館　一九九三年

中田考『イスラームのロジック』（講談社選書メチエ）講談社　二〇〇一年

中村廣治郎『イスラームと近代』岩波書店　一九九七年

日本イスラム協会監修『新イスラム事典』平凡社　二〇〇二年

ライラ・アハメド（林正雄・岡真理・本合陽・熊谷滋子・森野和弥訳）『イスラームにおける女性とジェンダー』法政大学出版局　二〇〇〇年

ワーイル・ハッラーク（奥田敦編訳）『イジュティハードの門は閉じたのか――イスラーム法の歴史と理論』慶應義塾大学出版会　二〇〇三年

W・C・スミス（中村廣治郎訳）『現代イスラムの歴史』上・下（中公文庫）中央公論社　一九九八年

Albert Hourani, *Arabic Thought in the Liberal Age 1798–1939*, Oxford University Press, 1962.

John Obert Voll, *Islam: Continuity and Change in the Modern World*, Second Edition, Syracuse University Press, 1994.

図版出典一覧

Aḥmad Rā'if, *al-Naṣṣ al-kāmil l-sīnāriyū al-musalsal al-tilīfiziyūnī Jamāl al-Dīn al-Afghānī,* al-Zuharā' lil-I'lām al-'Arabī, al-Qāhira, 1988 59下
al-Munjid fī al-lugha wa al-a'lām, Beirut,1975 74
N. J. Delong-Bas, *Wahhabi Islam,* I. B. Tauris, Oxford University Press, London and New York, 2004 37
Ḥamīd 'Enāyat, *Seyrī dar andīshe-ye siyāsī-ye 'Arab: az ḥamle-ye Napoleūn be Meṣr tā jang-e jahānī-ye dovvom,* Mo'assese-ye Enteshārāt-e Amīr-e Kabīr, Tehrān, 1376（Kh. S：ヒジュラ太陽暦）[5th ed.] 53, 60, 62, 77
Jābir al-Ḥājj, *Nūr 'alā al-kawn aḍā'a,* Dār al-Anṣār, al-Qāhira, 1979 47
Khayr al-Dīn al-Tūnisī, *Aqwam al-masālik fī ma'rifat aḥwāl al-mamālik 2,* Bayt al-Ḥikma, Tūnis, 1991 55
Mohammad Hossein Taromi (ed.), *Iranian Contemporary History; Quartely Journal of The Institute for Iranian Contemporary Historical Studies,* Vol. 2, No. 8, Tehran, 1999 85下
Muḥammad al-Ghazālī, *Min hunā na'lamu…!,* Nahḍat Miṣr lil-ṭibā'a wa al-nashr wa al-tawzī', al-Qāhira, 2005[5th ed.] 79
Muḥammad Ḥāmid Abū al-Naṣr, *Ḥaqīqat al-khilāf bayna «al-Ikhwān al-Muslimūna» wa 'Abd al-Nāṣir,* Dār al-Tawzī' wa al-Nashr al-Islāmīya, al-Qāhira, 1988[2nd ed.] 85上
Orient Art Publishers 29下
Qāsim Amīn, *al-A'māl al-kāmila li-Qāsim Amīn,* al-Juz' al-awwal, al-Mu'assasa al-'Arabīya lil-dirāsāt wa al-nashr, Bayrūt, 1976 67
Sayyid Ahmad Khan (tr. by J. W. Wilder), *Selected Essays by Sir Sayyid Ahmad Khan,* Sang-e-Meel Publications, Lahore, 2006 57
Sayyid Jamāl al-Dīn al-Afghānī wa al-Shaykh Muḥammad 'Abduh, *al-'Urwa al-wuthqā wa al-thawra al-taḥrīrīya al-kubrā,* Dār al-'Arabī lil-Bustānī, al-Qāhira, 1993[3rd ed.] 59上
Seyyed Vali Reza Nasr, *Mawdudi and the Making of Islamic Revivalism,* Oxford University Press, New York and Oxford, 1996 80
Zuhayr Mārdīnī, *al-Ladūdāni al-Wafd wa al-Ikhwān,* Dār Iqra', Bayrūt, 1985[2nd ed.] 81
アリー・シャリーアティー，櫻井秀子訳『イスラーム再構築の思想』大村書店　1997 83
東京外国語大学アジア・アフリカ言語文化研究所提供 扉
東長靖提供 84
著者撮影 カバー裏，29上
ユニフォト・プレス カバー表

世界史リブレット69

現代《げんだい》イスラーム思想《しそう》の源流《げんりゅう》

2008年３月30日　１版１刷発行
2022年７月31日　１版５刷発行

著者：飯塚正人《いいづかまさと》

発行者：野澤武史

装幀者：菊地信義

発行所：株式会社 山川出版社

〒101-0047　東京都千代田区内神田１-13-13
電話　03-3293-8131(営業)　8134(編集)
https://www.yamakawa.co.jp/
振替　00120-9-43993

印刷所：明和印刷株式会社

製本所：株式会社 ブロケード

世界史リブレット　第Ⅰ期［全56巻］

〈すべて既刊〉

1 都市国家の誕生
2 ポリス社会に生きる
3 古代ローマの市民社会
4 マニ教とゾロアスター教
5 ヒンドゥー教とインド社会
6 秦漢帝国へのアプローチ
7 東アジア文化圏の形成
8 中国の都市空間を読む
9 科挙と官僚制
10 西域文書からみた中国史
11 内陸アジア史の展開
12 歴史世界としての東南アジア
13 東アジアの「近世」
14 アフリカ史の意味
15 イスラームのとらえ方
16 イスラームの都市世界
17 イスラームの生活と技術
18 浴場から見たイスラーム文化
19 オスマン帝国の時代
20 中世の異端者たち
21 修道院にみるヨーロッパの心
22 東欧世界の成立
23 中世ヨーロッパの都市世界
24 中世ヨーロッパの農村世界
25 海の道と東西の出会い
26 ラテンアメリカの歴史
27 宗教改革とその時代
28 ルネサンス文化と科学
29 主権国家体制の成立
30 ハプスブルク帝国
31 宮廷文化と民衆文化
32 大陸国家アメリカの展開
33 フランス革命の社会史
34 ジェントルマンと科学
35 国民国家とナショナリズム
36 植物と市民の文化
37 イスラーム世界の危機と改革
38 イギリス支配とインド社会
39 東南アジアの中国人社会
40 帝国主義と世界の一体化
41 変容する近代東アジアの国際秩序
42 アジアのナショナリズム
43 朝鮮の近代
44 日本のアジア侵略
45 バルカンの民族主義
46 世紀末とベル・エポックの文化
47 二つの世界大戦
48 大衆消費社会の登場
49 ナチズムの時代
50 歴史としての核時代
51 現代中国政治を読む
52 中東和平への道
53 世界史のなかのマイノリティ
54 国際体制の展開
55 国際経済体制の再建から多極化へ
56 南北・南南問題

世界史リブレット　第Ⅱ期［全36巻］

〈すべて既刊〉

57 歴史意識の芽生えと歴史記述の始まり
58 ヨーロッパとイスラーム世界
59 スペインのユダヤ人
60 サハラが結ぶ南北交流
61 中国史のなかの諸民族
62 オアシス国家とキャラヴァン交易
63 中国の海商と海賊
64 ヨーロッパからみた太平洋
65 太平天国にみる異文化受容
66 日本人のアジア認識
67 朝鮮からみた華夷思想
68 東アジアの儒教と礼
69 現代イスラーム思想の源流
70 中央アジアのイスラーム
71 インドのヒンドゥーとムスリム
72 東南アジアの建国神話
73 地中海世界の都市と住居
74 啓蒙都市ウィーン
75 ドイツの労働者住宅
76 イスラームの美術工芸
77 バロック美術の成立
78 ファシズムと文化
79 オスマン帝国の近代と海軍
80 ヨーロッパの傭兵
81 近代技術と社会
82 近代医学の光と影
83 東ユーラシアの生態環境史
84 東南アジアの農村社会
85 イスラーム農書の世界
86 インド社会とカースト
87 中国史のなかの家族
88 啓蒙の世紀と文明観
89 女と男と子どもの近代
90 タバコが語る世界史
91 アメリカ史のなかの人種
92 歴史のなかのソ連